HELMUT SCHLEGEL

Die heilende Kraft
menschlicher Spannungen

Franziskanische Akzente
Für ein gottverbundenes und engagiertes Leben
Herausgegeben von Mirjam Schambeck sf und
Helmut Schlegel ofm
Band 2

Die Suche der Menschen nach Sinn und Glück ernst nehmen und Impulse geben für ein geistliches, schöpfungsfreundliches und sozial engagiertes Leben – das ist das Anliegen der Reihe *„Franziskanische Akzente"*.

In ihr zeigen Autorinnen und Autoren, wie Leben heute gelingen kann. Auf der Basis des Evangeliums und mit Blick auf die Fragen der Gegenwart legen sie Wert auf die typisch franziskanischen Akzente:

Achtung der Menschenwürde,

Bewahrung der Schöpfung,

Reform der Kirche und

gerechte Strukturen in der Gesellschaft.

In lebensnaher und zeitgerechter Sprache geben sie auf Fragen von heute ehrliche Antworten und sprechen darin Gläubige wie Andersdenkende, Skeptiker wie Fragende an.

HELMUT SCHLEGEL

Die heilende Kraft menschlicher Spannungen

echter

Herzlicher Dank geht an Clemens Wagner für die fachkundige
und äußerst versierte Unterstützung bei den Korrekturarbeiten
sowie an die Deutsche Franziskanerprovinz mit Sitz in München.

Bibliografische Information der Deutschen Nationalbibliothek
Die Deutsche Nationalbibliothek verzeichnet diese Publikation
in der Deutschen Nationalbibliografie; detaillierte bibliografische
Daten sind im Internet über ‹http://dnb.d-nb.de› abrufbar.

© 2014 Echter Verlag GmbH, Würzburg
www.echter-verlag.de
Umschlag: wunderlichundweigand.de
(Foto: © Petr Juilek / shutterstock.com)
Satz: Hain-Team (www.hain-team.de)
Druck und Bindung: fgb · freiburger graphische betriebe
ISBN
978-3-429-03749-9 (Print)
978-3-429-04776-4 (PDF)
978-3-429-06191-3 (ePub)

Inhalt

1. In der Schule des Bogenschützen –
   eine Art Vorwort 7

2. Spannungen als Glaubenswege –
   Frauen und Männer der Bibel 11
   Lachen und Lächeln – Abraham und Sara 12
   Verwundung und Gesundung – Mose 15
   Grund und Abgrund – die Betenden 19
   Protest und Prophetie – Jeremia 22
   Entlarvung und Umarmung – Jesus 27

3. Spannungen als Reifungsprozess –
   Franz von Assisi 33
   Bitterkeit wird Zärtlichkeit –
      das Fremde integrieren 34
   Bindung wird Freiheit –
      das Evangelium leben 38
   Askese wird Lebenslust –
      die Schöpfung lieben 41
   Abstieg wird Aufstieg –
      das Sterben annehmen 47

4. Spannungen als Energiequellen –
   gangbare Wege 51
   In der Gegenwart leben 51
   Emotionen temperieren 54
   Beziehungen wachsen lassen 58
   Kontemplativ engagiert sein 63

5. Übungen zur
   „Mystik der offenen Augen" 67
   Geerdet meditieren 67
   Selbst zum Gebet werden 68
   Die ABBA-Meditation 69
   Wohnen im dreifaltigen Gott 71

6. Ausgespannt am Kreuz umarmst du die Welt –
   eine Art Nachwort 75

Zum Weiterlesen 79

Abkürzungsverzeichnis 80

1. In der Schule des Bogenschützen – eine Art Vorwort

Der Bogenschütze, der das Seminar anleitete, nahm sehr behutsam und fast zärtlich seinen Bogen in die Hand und schaute ihn an. Mit geübten Händen spannte er ihn und sagte: „Man muss seinen Bogen so spannen, dass das richtige Maß an Spannungsenergie von der Sehne auf den Pfeil übertragen wird. Ohne Spannung taugt der Bogen nicht zum Schießen, überspannt ist er in Gefahr zu brechen. Die richtige Spannung zu finden – das ist das Ziel dieses Seminars."

Im Lauf der Tage, die unter der Überschrift standen „Zen und die Kunst des Bogenschießens", begriff ich, dass es nicht nur um den Bogen geht. Da ist der Pfeil. Wenn er auf die gespannte Sehne gelegt ist, gilt es zu warten. Ja, ich muss selbst zum Pfeil werden und aushalten, bis es Zeit ist. Dann aber muss ich loslassen und freigeben. Mich loslassen und freigeben. Es kommt nicht darauf an, dass der Pfeil trifft, es kommt darauf an, dass ich selbst zwischen Festhalten und Loslassen mein Maß finde.

Und weiter: Ich schaue auf das Ziel. Ein runder Punkt in der Scheibe. Weit weg ist das Ziel und doch ganz nahe, denn ich selbst bin das Ziel. Mich in meiner Mitte anzutreffen ist mein Ziel. Und wenn ich nicht treffe, gilt es, das hinzunehmen. Als Mensch bin ich ein Leben lang in der Spannung zwischen dem Sein „in der Mitte" und meinem Leben „ganz außen". „Ganz wichtig", sagt der Meister, „ist dein Atem. Er geht und kommt und dazwischen ist nichts. Vertraue dich dem Atem an. In seinem Rhythmus findest du den richtigen Zeitpunkt für das Lösen deiner Finger. Im Einschwingen auf deinen Atem findet der Pfeil sein Ziel."

Dies haben mich der Bogen, der Pfeil, das Ziel und vor allem mein Atem gelehrt: Alles ist in Spannung. Unsere Existenz bewegt sich zwischen Angst und Zuversicht, Hunger und Sattsein, Licht und Schatten, Trauer und Freude, Leben und Tod. Es ist gut so, denn aus der Spannung wächst Kraft. Die Kunst des Lebens liegt im Aushalten und Ausleben des „Dazwischen". Wer sich den Gegensätzen und Paradoxien stellt, schöpft aus ihren Spannungen Energie.

Die eine Wahrheit ist, dass Spannungen – auch unangenehme Spannungen – nicht vermeidbar sind. Der Glaube, jeder Art von Lebenslast, Existenzangst und Sinnleere könne geholfen werden, wenn wir nur das richtige Mittel anwenden, ist eine Häresie.

Die andere, viel wichtigere Wahrheit ist, dass Spannungen in Wirklichkeit heilsam sind und sowohl dem ganzheitlichen Wohlbefinden als auch dem menschlichen Wachstum dienen. Wenn wir den Mut aufbringen, uns auf die Widerstände des Lebens einzulassen, werden sie uns Kraft und Lebensqualität schenken.

Dieses Buch will einladen, in guter Weise mit Spannungen umzugehen, ja sie als Kraftquellen für ein gesundes und erfülltes Leben zu nutzen. Dabei lade ich Sie ein, zunächst einige der großen biblischen Gestalten – vor allem Jesus von Nazaret – anzuschauen, um zu erkennen, dass sie keineswegs von Spannungen und Konflikten verschont blieben. Die Bibel stellt uns den Glauben als einen spannenden und spannungsreichen Weg dar. Unsere biblischen Wegbegleiterinnen und Wegbegleiter zeigen, dass dieser

Weg mühsam und heilsam zugleich ist – gerade wegen der Spannungen, in die er uns führt.

Es ist selbstverständlich, dass eine Schrift, die sich in die Reihe „Franziskanische Akzente" einfügt, auch einen Blick auf Franz von Assisi wagt. Zweifellos ist auch sein Leben von starken Spannungen geprägt. Wie geht er damit um? Es ist immer fragwürdig, Menschen, die in einer ganz anderen Zeit gelebt haben, als Vorbilder zu präsentieren, müssen wir hier und heute doch mit ganz anderen und neuen Spannungen im persönlichen, beruflichen und gesellschaftlichen Leben zurechtkommen. Dennoch: Die Art und Weise, wie Franziskus sein Leben in der Nachfolge des gekreuzigten und auferstandenen Christus sieht und wie er die Paradoxien auf diesem Weg als Herausforderung für eine weltbejahende und hingebende Liebe sieht, ist in einem guten Sinn provokativ.

Schließlich will dieses Buch Wege aufzeigen, wie Menschen von heute ihre körperlichen und seelischen, aber auch ihre gesellschaftlichen und persönlichen Spannungen aushalten und als geistig-geistliche Energiequellen nutzen können. Entsprechend der Absicht dieser Reihe werden dabei vor allem franziskanische Grundhaltungen als hilfreiche Perspektiven vorgestellt. Sie motivieren uns dazu, ganz in der Gegenwart zu leben, in den emotionalen Bewegungen die Temperantia – das ist die Tugend des rechten Maßes – zu finden, im Umgang mit anderen Menschen Geschwisterlichkeit zu praktizieren und in unserer Gottesbeziehung die „Mystik der offenen Augen" (J. B. Metz) zu üben, in der das Gebet zu einer Energiequelle der tätigen Nächstenliebe und des verantwortlichen Handelns in Kirche, Gesellschaft und Welt wird.

2. Spannungen als Glaubenswege – Frauen und Männer der Bibel

Das Grundanliegen der Heiligen Schrift ist es, dass Menschen im Licht der Gottesbegegnung Heil und Heilung erfahren. Bereits in den Schriften der hebräischen Bibel wird deutlich: Gott bewahrt den Menschen nicht vor Konflikten – mitunter führt er ihn sogar mitten in diese hinein –, aber er begleitet ihn mit starker Hand und gibt ihm die Kraft, in den Spannungen zu wachsen. Die christliche Bibel zeigt uns, dass Gott sich selbst in Jesus Christus in den Spannungsbogen menschlicher Konflikte hineinstellt – bis hin zur Erfahrung des Scheiterns und des Todes. Der Weg der Erlösung ist kein Weg der Entspannung, vielmehr ist er durch das Kreuz, das gewissermaßen als Symbol und Brennpunkt aller menschlicher Paradoxien gilt, gezeichnet. Jesus löst das Kreuz nicht auf, sondern trägt es mit allen Konsequenzen durch, bis er von Gott aus dem Tod in ein neues Leben gerufen wird.

Wer die biblischen Schriften ernst nimmt, findet darin alles andere als eine „Wohlfühlreligion", in der ein harmloser lieber Gott dem Menschen die kantigen Steine aus dem Weg räumt. Wenn Karl Marx Religion als „Opium des Volkes" bezeichnet, dann hat er offensichtlich Fehlformen davon kennengelernt. Zu allen Zeiten sind Menschen in Gefahr, Gott zu instrumentalisieren, entweder um die Religion als Drohmittel zu missbrauchen und eigene Interessen durchzusetzen oder um die Zumutung des Glaubens zu domestizieren und auf die Bedeutung eines seelischen Trostmittels zu reduzieren. Gerade die widerständischen Texte der Heiligen Schrift zeigen aber, dass Gott der ganz Andere und immer Größere ist.

Der Glaubensweg, wie ihn die Bibel aufzeigt, will den Menschen die Zumutungen eines spannungsreichen Lebens nicht ersparen. Er will uns in Wahrheit aus der selbstgewählten oder fremdbestimmten Unfreiheit herausholen. Die Bibel zeigt uns ein Leben in Gott als Erfüllung unserer tiefsten Sehnsucht einerseits und als Herausforderung, an einer gerechten und schöpfungsfreundlichen Welt mitzugestalten, andererseits.

Lachen und Lächeln – Abraham und Sara

Die Geschichte Abrahams und Saras beginnt in Ur in Chaldäa. Dies war eine der ersten Großstädte, von den Sumerern im Zweistromland erbaut. Dort blühten Kultur und Zivilisation. Auf dem Land bauten die Menschen Getreide und Früchte an. In den Städten entwickelten sie Techniken, die das tägliche Leben erleichterten. Kein Wunder, dass die Bewohner wohlhabend waren. Umso mehr erstaunt es, dass Abraham und seine Frau Sara samt ihrer Sippe dieses Land mit unbekanntem Ziel verlassen. Die Bibel erzählt, dass Gott selbst es ist, der Abraham zum Aufbruch auffordert: „Zieh weg aus deinem Land, von deiner Verwandtschaft und aus deinem Vaterhaus in das Land, das ich dir zeigen werde. Ich werde dich zu einem großen Volk machen, dich segnen und deinen Namen groß machen. Ein Segen sollst du sein" (Gen 12,1 f).

Ein recht ungewöhnlicher Auftrag, wenn wir bedenken, dass Abraham und Sara kinderlos geblieben und nun bereits 75 Jahre alt sind. Und doch ziehen sie los – Abraham, seine Frau Sara, sein Neffe Lot, die Mägde und Knechte und die Viehherden.

Viele Jahre später finden wir das Paar bei Mamre wieder. Das ist ein Eichenhain bei Hebron, westlich vom Jordan. Was hat sich getan in Sachen Nachwuchs? Nichts. Und die beiden sind fest davon überzeugt: Da wird sich auch nichts mehr tun. Inzwischen sind sie fast 100 Jahre alt. Bittere Zweifel nagen im Herzen: Was ist das für ein Gott, der uns dermaßen hinhält? War es falsch, dass wir uns auf seine Versprechungen eingelassen haben? – Hinter dieser Frage steckt eine viel tiefere Frage. Sie trifft und erschüttert vermutlich jeden Menschen. Es ist die Frage, die mir meine Endlichkeit stellt: Was bleibt von mir? Welche Spur hinterlasse ich? Für die Orientalen setzt sich das eigene Leben in den Kindern fort. Das mag heute für viele von uns anders sein, aber die Sehnsucht, zu „bleiben", ist tief im Menschen verankert. Es ist im Übrigen eine Sehnsucht, die Menschen aller Religionen und Weltanschauungen, ja auch jene, die sich ungläubig nennen, verbindet. Sie ist eng verknüpft mit der Erfahrung des Todes. Die Frage, wie wir mit dem Tod umgehen, ist darum eine der wichtigen Fragen, an denen sich der Wert menschlicher Kultur entscheidet.

Das Buch Genesis berichtet, wie eines Tages in der Mittagshitze drei Fremde vorbeikommen. Wie alle Orientalen sieht auch Abraham in den Fremden Gott selbst. So sagt er: „Mein Herr, wenn ich dein Wohlwollen gefunden habe, geh doch an deinem Knecht nicht vorbei!" (Gen 18,3). Die Fremden bleiben und Abraham bittet Sara, Brot zu backen. Seinem Knecht gibt er den Auftrag, ein junges Kalb zu schlachten, er selbst besorgt Butter und

Milch und bewirtet die Fremden im Schatten der Eiche. Und so erzählt die Bibel weiter: „Der Herr sprach: In einem Jahr komme ich wieder zu dir, dann wird deine Frau Sara einen Sohn haben. Sara hörte am Zelteingang hinter seinem Rücken zu. Abraham und Sara waren schon alt; sie waren in die Jahre gekommen. Sara erging es längst nicht mehr, wie es Frauen zu ergehen pflegt. Sara lachte daher still in sich hinein und dachte: Ich bin doch schon alt und verbraucht und soll noch das Glück der Liebe erfahren? Auch ist mein Herr doch schon ein alter Mann! Da sprach der Herr zu Abraham: Warum lacht Sara und sagt: Soll ich wirklich noch Kinder bekommen, obwohl ich so alt bin? Ist beim Herrn etwas unmöglich? Nächstes Jahr um diese Zeit werde ich wieder zu dir kommen; dann wird Sara einen Sohn haben. Sara leugnete: Ich habe nicht gelacht. Sie hatte nämlich Angst. Er aber sagte: Doch, du hast gelacht" (Gen 18,10–15).

Die erneute Verheißung finden die beiden Alten zum Lachen. Ein Lachen, das die ganze Spannung des Glaubens deutlich macht: Dem Sohn, den die beiden dann doch bekommen sollten, geben sie den Namen „Isaak", zu Deutsch „Gott lächelt". Der Mensch lacht und Gott lächelt. Das ist der hintergründige Humor der Bibel und drückt die ganze Spannung des Glaubens aus: Der bewegt sich zwischen ironischem Lachen und gütigem Lächeln, zwischen Skepsis und Trotzdem-Glauben, zwischen der Erfahrung Gottes, der verborgen und nah zugleich ist, zwischen enttäuscht werden und aushalten. Diese Paradoxie des Glaubens zieht sich durch alle Geschichten der Bibel. Abraham und Sara sind eben wegen dieses „Trotzdem" für jüdische, christliche und muslimische Gläubige „Eltern" und Vorbilder des Glaubens. Sie zeigen in ihrem

Glauben einen langen Atem. Auch wenn sich über Jahre hinweg die Verheißung Gottes nicht erfüllt, ja irgendwie menschlich gar nicht mehr erfüllbar erscheint, bleiben sie ihrem Gott treu. Sie halten in dieser Spannung aus. Und sie erfahren, dass auch Gott langen Atem hat. Dass er zu seinen Verheißungen steht und die menschliche Glaubenstreue bei Weitem überbietet.

Verwundung und Gesundung – Mose

„Mose weidete die Schafe und Ziegen seines Schwiegervaters Jitro, des Priesters von Midian. Eines Tages trieb er das Vieh über die Steppe hinaus und kam zum Gottesberg Horeb. Dort erschien ihm der Engel des Herrn in einer Flamme, die aus einem Dornbusch emporschlug. Er schaute hin: Da brannte der Dornbusch und verbrannte doch nicht. Mose sagte: Ich will dorthin gehen und mir die außergewöhnliche Erscheinung ansehen. Warum verbrennt denn der Dornbusch nicht? Als der Herr sah, dass Mose näher kam, um sich das anzusehen, rief Gott ihm aus dem Dornbusch zu: Mose, Mose! Er antwortete: Hier bin ich. Der Herr sagte: Komm nicht näher heran! Leg deine Schuhe ab; denn der Ort, wo du stehst, ist heiliger Boden. Dann fuhr er fort: Ich bin der Gott deines Vaters, der Gott Abrahams, der Gott Isaaks und der Gott Jakobs. Da verhüllte Mose sein Gesicht; denn er fürchtete sich, Gott anzuschauen. Der Herr sprach: Ich habe das Elend meines Volkes in Ägypten gesehen, und ihre laute Klage über ihre Antreiber habe ich gehört. Ich kenne ihr Leid. Ich bin herabgestiegen, um sie der Hand der Ägypter zu entreißen und aus jenem Land hinaufzuführen in ein schönes, weites Land, in ein Land, in dem Milch und Honig fließen" (Ex 3,1–8a).

Ein vertrockneter Dornbusch in der Wüste ist wertlos. Er trägt keine Blüten und keine Früchte. Selbst die Tiere, die in der Wüste jede Pflanze suchen, um sich zu ernähren, machen einen Bogen um ihn. Wenn wir den Dornbusch in der biblischen Erzählung als Symbol verstehen, dann steht er für alles Starre und Verdorrte, aber auch für alles Verletzende und Zerstörerische in uns selbst. Dann steht er für das, was wir an uns selbst nicht ausstehen können; für die Regionen unserer Seele, die wir ablehnen und hassen, die wir niemandem zumuten und zeigen mögen. So begegnet Mose im Dornbusch seiner ängstlichen und zerrissenen Seele. In den langen Jahren, da er in der Wüste hauste und die Herden seines Schwiegervaters Jitro hütete, überkam ihn wohl oft das dumpfe Lebensgefühl: Ich bin nichts wert. Ich bin abgeschoben. Ich musste fliehen, um mein Leben zu retten. Ich bin von den Menschen verstoßen und von Gott verlassen.

Manche der Erfahrungen des Mose kennen wir auch: Wir wissen um die Grenzen, die uns gesetzt sind: Unsere Gesundheit wird eingeschränkt, unsere Kraft verbraucht sich, unsere Jahre gehen zu Ende. Wir leiden an den Prägungen unserer Kindheit, wir fühlen uns unseren charakterlichen Defiziten ausgeliefert. Tief in unserem Herzen lebt die Sehnsucht nach gelungenen Beziehungen, nach Freundschaft und Liebe. Aber diese Sehnsucht wird oft verletzt und enttäuscht, ja sie wird mitunter sogar missbraucht. Viele Wünsche im Leben sind unerfüllt, manche unerfüllbar. Und doch brennt die Sehnsucht weiter. Wir stellen die Frage: Warum brennt dieses Feuer in unserem Herzen? Warum brennt der Durst auf den

Lippen? Finden wir jemals das Wasser, das den Durst stillt?

Wir wissen um die zerstörerische Macht des Feuers. Der Mensch hat im Lauf der Kulturgeschichte gelernt, sich dagegen zu schützen. Ja, er hat sogar gelernt, das Feuer zu zähmen und für seine Zwecke nutzbar zu machen. In Grenzen gehalten und gemäßigt, ist Feuer Energie und Veränderung. Auch das Feuer der Seele ist ambivalent. Es kann Hass schüren und Kriege anzetteln. Es kann uns selbst und die Welt in Brand setzen. Es kann aber auch Freude und Liebe bewirken. Es kann Geborgenheit und Wärme schaffen. Es kann das Klima eines Hauses und die Atmosphäre einer Gemeinschaft verändern. Es kann begeistern und zu großen Taten anstiften.

In der Geschichte, die uns die Bibel erzählt, sieht Mose erstaunt, dass der Dornbusch brennt, aber doch nicht verbrennt. Das Feuer breitet sich in diesem dürren Gestrüpp aus und verzehrt es doch nicht. Dies ist eine Wahrheit über Gott und den Menschen: Gerade dort, wo wir es am wenigsten vermuten, in den Erfahrungen existentieller Leere, im Verletzt- und Enttäuschtwerden, im Ausgebranntsein und in den unerfüllten Sehnsüchten, im Versagen und Schuldigwerden ist Gott uns nahe. Was in mir existiert an stacheligen, leblosen Dornen, an Aggressivität und ungezügelter Leidenschaft, an bewusster und unbewusster Schuld, das muss ich weder verleugnen noch verdrängen. Meine Dunkelheiten gehören genauso zu meinem Leben wie meine Lichtseiten. Vielleicht brennt das Feuer des Lebens gerade da, wo ich elend und armselig bin. Entscheidend ist, dass ich auch die negativen Anteile meiner Seele wahrnehme und akzeptiere. Entscheidend ist, dass ich mich dem Heilungsprozess stelle.

Gott sagt zu Mose, als er sich dem Dornbusch nähert: „Der Ort, wo du stehst, ist heiliger Boden" (Ex 3,5b). Mose geht mit nackten Füßen an diesen Ort. Mit unseren Füßen berühren wir die Erde. Mit ihnen markieren wir unseren „Stand-Punkt". Mit ihnen schreiben wir unsere Weggeschichten. Mose bringt dies alles vor Gott: seine Erd-Berührung, seinen Standpunkt, seine Weggeschichten. In der Nacktheit seiner Füße zeigt sich, dass er berührbar ist für das innere Feuer. Ebendiese Füße, mit denen Mose auch krumme Wege ging – er hatte einen ägyptischen Aufseher erschlagen und musste deshalb in die Wüste fliehen –, sollten ihn zum Pharao führen, um sein Volk aus Ägypten heraus in die Freiheit zu führen. Und dieselben Füße sollten ihn später auf den heiligen Berg Sinai tragen, um Gottes Weisungen in Empfang zu nehmen.

Mit nackten, verwundbaren Füßen steht er vor dem brennenden Feuer. Hier darf der Verwundete gesunden. Hier wird ihm Gott seinen Namen und sein Geheimnis offenbaren. Es ist der treue Gott, der mit Abraham und seinen Nachkommen war und keinen Menschen je allein lassen wird. Er gibt auch Mose die Zusage, mit ihm zu sein, wenn er ihn zum Pharao nach Ägypten schickt. Gefragt nach seinem Namen, sagt Gott zu Mose: „Ich bin der ‚Ich-bin-da‘" (Ex 3,14). Gott ist das ewige Jetzt. Es ist die Gegenwart, das Hier und Heute, wo wir ihn erfahren. Martin Buber übersetzt den Gottesnamen JAHWE so: „Ich bin da, wo du bist". Wo immer ich bin, ich bin in Gott, was immer ich frage, ich frage nach Gott, wo immer ich gehe, ich gehe zu Gott.

Grund und Abgrund – die Betenden

Was tun wir, wenn wir beten? Wir fallen in einen Abgrund, denn Gott ist unendlich tief. Wir sagen Unsagbares, denn Gott ist ganz anders, als wir von ihm sprechen. Gott ist viel mehr jener, den wir nicht denken, als jener, den wir denken. Gott ist viel mehr jener, den wir nicht kennen, als jener, den wir kennen. Gott ist viel mehr der Abgrund, in den wir fallen, als der Grund, den wir betreten. In Wirklichkeit ist unser Beten ein Hineinfallen in die Wortlosigkeit, eine Auflösung unserer zeitlich-räumlichen Existenz, eine Verschmelzung mit dem Nicht-Seienden. – So ähnlich sagen es die großen Mystikerinnen und Mystiker.

Und doch, Betende machen auch Erfahrungen, die genau in die Gegenrichtung zeigen. Beten lässt uns festen Grund betreten. Denn nirgends sind wir mehr geborgen als bei Gott. Es gibt kein verlässlicheres Wort als sein Wort. Nirgends finden wir ein sichereres Land, als wenn wir Gott folgen. Niemals leuchtet uns ein schöneres Gesicht auf als im göttlichen Antlitz. Für niemanden passt das schöne Wort „Du" besser als für Gott.

Irritiert fragen wir: Was ist nun Beten? Festen Grund betreten oder in den Abgrund fallen? Ist Gott ein unergründbares Rätsel oder mein nächster Freund? Eine Antwort darauf finde ich in den Psalmen. Im Laufe von mehreren Jahrhunderten entstehen in der jüdischen Tradition diese liturgischen Lieder. In ihnen verbindet sich beides: Bilder vom *Grund* und Bilder vom Ab*grund*. Wortreich benennen die Psalmen alles, was einen Menschen beschäftigen und besetzen kann: überschäumende Freude, unsagbarer Dank, tanzender Jubel, geballte Wut, explosiver Hass, abgrundtiefe Verzweiflung. Das ist der Mensch in all seinen Seelenlagen und Gemütsverfassungen. Und Gott? Die Betenden singen ihrem Schöpfer Lobeshymnen, schreien ihm ihre Not ins Ohr, klagen über den Sieg der Feinde, lachen vor Schadenfreude, klatschen Gott Beifall für seine Parteinahme. Oder aber sie rufen zu sprachlosem Schweigen auf. Alles ist vor Gott möglich. Alles ist da. Gott ist gegenwärtig in den Gegensätzen und Paradoxien des Lebens.

Einer der bekanntesten Psalmen ist der Psalm 23. Auf den ersten Blick schäumt dieses Lied geradezu über vor Lebensfreude und Zuversicht. Da sind Bilder von einer grünen Aue, von einer guten Straße und vom frischen Wasser. Da erfahren die Betenden Geborgenheit und Schutz. Ja, schließlich werden sie von Gott selbst zu Tisch gebeten und mit köstlichen Speisen bedient. In seinem Sinn für die ganze Realität des Lebens spricht dieser Psalm jedoch auch vom anderen Pol: vom finsteren Tal, vom Unglück, ja sogar vom Feind, der irgendwo lauert und den Betenden das Glück nicht gönnt. So ist Psalm 23 das Lied der spannungsreichen Realität, in der sich jede und jeder von uns bewegt.

Eine solche Wirklichkeitsbeschreibung jedoch macht noch keinen Psalm, noch kein Gebet aus. Die entscheidende Frage heißt doch: Wie bewegen wir uns in dieser Spannung des Lebens? Und wo ist Gott? Ist es Schicksal, ob es uns gut geht oder schlecht? Zeigt sich eine Option, wie wir das Leben sinnvoll gestalten können? Wissen wir uns aufgehoben von einer bergenden Hand?

Genau in der Mitte des Textes steht der Satz: „Du bist bei mir". Die Mitte eines Spannungsbogens ist der neuralgische Punkt. Hier ist die Belastung am größten. Hier bricht der Bogen am ehesten. Aber eben hier, in der Polarität zwischen grünen Auen und finsteren Schluchten, zwischen guten Straßen und Unglücksfallen, zwischen frischen Wasserquellen und feindlicher Bedrohung, erfahren die Betenden Gottes Gegenwart. *Grund* im Ab*grund*. Trost in der Trostlosigkeit. Bist du da? Bist du bei mir? Dies ist eine der ersten Fragen, die ein Mensch stellt. Nicht mit Worten und nicht bewusst. Aber in seiner existentiellen Bedürftigkeit zeigt das Kind seine Sehnsucht nach der Gegenwart der Mutter und des Vaters. Wie kein anderes Wesen auf dieser Erde ist der Mensch von Beginn seiner Existenz an angewiesen auf ein Du. Auf die Zusage: Ich bin da. Und ein Leben lang wird es so bleiben, dass wir weniger die Lösung konkreter Probleme suchen als diese Gewissheit: „Du bist bei mir". Diese menschliche Grunderfahrung schreibt der Psalmist weiter auf Gott hin. So wird die betende Gewissheit „Du bist bei mir" zur Grunderfahrung eines heilen und gelingenden Lebens.

Im biblischen Entwurf ist unsere irdische Existenz weder ein Leben im „Jammertal" noch im „Paradies". Unser Lebensgefühl pendelt wohl zwischen Euphorie und Elend, aber unser Ort ist in der Mitte. Die Bibel sieht den Spannungsbogen zwischen den Polaritäten nicht als tragisches Schicksal, sondern als kreative Herausforderung. Im Dazwischen ereignet sich Leben. Hier liegt der Gestaltungsspielraum für den schöpferischen, sich seiner Freiheit bewussten Menschen. Hier kann er sein Leben in die Hand nehmen und formen. Diese Existenz erspart uns weder Einsamkeit noch Scheitern und Elend, aber wir wissen um die feste Zusage, dass Gott nahe ist. Wohlgemerkt, der Psalmist betet nicht: „Sei bei mir!", sondern: „Du bist bei mir!" Dies ist der Ausdruck höchster

Präsenz und Realität. Aus Psalm 23 spricht die gläubige Wahrnehmung: Gott führt uns nicht an der finsteren Schlucht vorbei, aber er führt uns unbeschadet durch diese hindurch. Er verschont uns nicht vor dem Unglück, aber er hält seine Hand über uns. Er erspart uns nicht den Kampf mit dem Bösen, aber er gibt uns die Kraft, uns für das Gute zu entscheiden.

Protest und Prophetie – Jeremia

Querdenker sind mitunter lästig. Aber Gott sei Dank gibt es sie. Sie waren es in der Geschichte, die den Diktatoren das Handwerk legten, die den Sozialreformen und den Menschenrechten zum Durchbruch verhalfen. Sie sind es bis heute, die die geistige Evolution der Menschheit vorantreiben. In der Bibel entdecke ich eine große Schar solcher Querdenker. Es sind die Prophetinnen und Propheten. Ihre Berufung und Aufgabe ist es, die Finger in die Wunden des religiösen und gesellschaftlichen Lebens zu legen und jene Gerechtigkeit einzufordern, die Gott uns ins Herz und ins Gewissen geschrieben hat.

Einer der ganz großen Propheten war Jeremia. Er stammte aus der Stadt Anatot und dem Stamm Benjamin. Sein Leben und Wirken fällt in das 7. Jahrhundert vor Christus, eine ziemlich turbulente Periode in der Geschichte Israels. Die Bibel stellt Jeremia folgendermaßen vor: „An ihn erging das Wort des Herrn zur Zeit des Königs Joschija von Juda, des Sohnes Amons, im dreizehnten Jahr seiner Regierung, ebenso zur Zeit des Königs Jojakim von Juda, des Sohnes Joschijas, bis das elfte Jahr des Königs Zidkija von Juda, des Sohnes Joschijas, zu Ende ging, als im fünften Monat Jerusalem in die Verbannung ziehen musste" (Jer 1,2 f).

Die genaue Zeitangabe und die Aufzählung der Könige sind nicht unbedeutend in dieser Vorstellung. Wie gesagt, es war eine turbulente Periode und eine der schlimmsten Leidenszeiten für Israel. Es war, wie Jeremia sagt, damals, als „Jerusalem in die Verbannung ziehen musste". Für ihn kam das Unglück nicht überraschend. Es hatte sich deutlich angekündigt: Machtkämpfe und Korruption hatten die Moral unterhöhlt, die Reichen hatten sich auf Kosten der Armen bereichert und die Fremden ausgebeutet. Geld und Gewinn zählten mehr als Recht und Anstand. Dazu kam der religiöse Zerfall: Israel hatte sich vom Glauben an den einen Gott abgewandt und König Jojakim hatte heidnische Gottheiten zur Verehrung zugelassen.

Jeremia war kein Mann der großen Worte. Er hatte auch nicht die Ambition, als Moralapostel oder Sozialreformer aufzutreten. Ganz im Gegenteil: Der schüchterne junge Mann wurde von Gott einfach zum Prophetendienst bestimmt. Er selbst beschreibt das so: „Das Wort des Herrn erging an mich: Noch ehe ich dich im Mutterleib formte, habe ich dich ausersehen, noch ehe du aus dem Mutterschoß hervorkamst, habe ich dich geheiligt, zum Propheten für die Völker habe ich dich bestimmt. Da sagte ich: Ach, mein Gott und Herr, ich kann doch nicht reden, ich bin ja noch so jung. Aber der Herr erwiderte mir: Sag nicht: Ich bin noch so jung. Wohin ich dich auch sende, dahin sollst du gehen, und was ich dir auftrage, das sollst du verkünden. Fürchte dich nicht vor ihnen; denn ich bin mit dir, um dich zu retten – Spruch des Herrn" (Jer 1,4–8).

Und was geschah dann mit diesem jungen Mann, der jetzt also Prophet werden sollte? Jeremia sah sich das Leben bei Hofe an, aber er ging auch durch die Gassen der Armenviertel. Er sprach mit den Leuten. Auf dem Markt sah er, wie die Preise hochgetrieben und die Gewichte gefälscht wurden. Er schaute den Regierenden und den Tempelbeamten auf die Finger und bekam mit, wie mancher von ihnen Bestechungsgelder annahm. Kurzum: Der junge Mann lernte, genauer hinzuschauen. Die Wirklichkeit schärfte sein Gewissen.

Die Stimme Gottes in ihm drängte ihn, mit seinen Beobachtungen an die Öffentlichkeit zu gehen. Seinem Freund Baruch, der schreiben konnte, diktierte er Klagebriefe und Drohreden. Baruch ging auf den Tempelplatz und las diese Schreiben laut und öffentlich vor. Hier ein kleiner Auszug: „Weh den Hirten, die die Schafe meiner Weide zugrunde richten und zerstreuen – Spruch des Herrn. Darum – so spricht der Herr, der Gott Israels, über die Hirten, die mein Volk weiden: Ihr habt meine Schafe zerstreut und versprengt und habt euch nicht um sie gekümmert. Jetzt ziehe ich euch zur Rechenschaft wegen eurer bösen Taten – Spruch des Herrn" (Jer 23,1 f).

Mit den Hirten meint Jeremia sowohl den König und seine Höflinge als auch die Priesterschaft im Tempel. – Die Aktion endet in einem Skandal. Jerusalem steht Kopf. Der König schickt Soldaten und lässt die Schriftrolle, aus der Baruch vorliest, beschlagnahmen und verbrennen. Die Freunde distanzieren sich von Jeremia und selbst die eigenen Verwandten erklären ihn für verrückt. Er aber lässt sich nicht beirren. Noch einmal diktiert er seinem Freund Baruch seine leidenschaftliche Anklage. Es wird nicht gut gehen, so wie der König und das Volk leben, verkündet er. Er sollte Recht behalten: Im Jahre 597 v. Chr. wird Jerusalem vom Heer des babylonischen Königs Nebukadnezar erobert, der jüdische König Jojakim wird verschleppt und mit ihm ein großer Teil des Volkes. Die babylonische Gefangenschaft beginnt. Nur wenige bleiben in Jerusalem zurück, dazu gehört auch Jeremia, bevor er vermutlich nach Ägypten verschleppt wird.

Über 2600 Jahre ist das her, was uns die Bibel über Jeremia und seine Zeitgenossen berichtet. Und doch sehe ich unverkennbare Parallelen zu uns heute. Die Prophetinnen und Propheten der Gegenwart mahnen uns sehr deutlich: Die Menschheit kann nur überleben und die Erde nur dann bestehen, wenn wir das ökologische Gleichgewicht unseres Planeten schützen und seine Güter und Ressourcen gerechter verteilen. Die Menschheit verbraucht derzeit 50 Prozent mehr an natürlichen Ressourcen, als die Erde im gleichen Zeitraum wieder bereitstellen kann. Dabei wird der größte Verbrauch von einer Minderheit der Menschheit verantwortet.

Jeremia hat seinen Zeitgenossen gesagt: Ändert euren Sinn und ändert eure Lebensweise. Sucht das Glück nicht in der Vermehrung eures Geldes. Sucht das Glück im gegenseitigen Respekt und in der Achtung der göttlichen Gebote. Jeremia ist keiner der verbissenen Misanthropen, die schadenfroh triumphieren, wenn ihre Prophezeiungen eintreffen. Ihm geht es um die Menschen und ihr Wohl. Ihm geht es darum zu verkünden, dass Gott auch dann sein Interesse an den Menschen nicht verliert, wenn diese auf dem falschen Weg sind. Jeremia schrieb an die ins Exil Geführten Briefe voller Mitgefühl und Trost. Seine Prophetie weckt neue Kräfte und die Gewissheit: Wir können uns auf Gott verlassen. Er war mit uns auch in schweren Zeiten. Wir können uns auch aufeinander verlassen, wir spüren eine gemeinsame Verantwortung und wir haben eine Vision für die Zukunft. Jeremia lässt in seinen Briefen Gott selbst zu Wort kommen: „Ich (...) sammle den Rest meiner Schafe aus allen Ländern, wohin ich sie versprengt habe. Ich bringe sie zurück auf ihre Weide; sie sollen fruchtbar sein und sich vermehren. Ich werde für sie Hirten bestellen, die sie weiden, und sie werden sich nicht mehr fürchten und ängstigen und nicht mehr verloren gehen – Spruch des Herrn" (Jer 23,3 f).

Wo ist die Spannung in diesem Prophetenleben? Protest und Prophetie – das Verbindende an diesen beiden Worten ist die Silbe „pro". Es geht im Letzten um ein „Für". Das vergessen wir allzu schnell. Unsere Proteste bleiben nicht selten bei einem „Gegen" hängen. Die Kraft des Protestes liegt aber eigentlich darin, dass er eine Option für mehr Leben, Sinn und Gerechtigkeit zum Ausdruck bringt. Und dass der Protest dann auch in eine Perspektive mündet, die konkrete Wege aufzeigt. Proteste haben den Sinn, Missstände zu benennen, je klarer und schärfer, desto besser. Jeremia, der biblische Prophet, zeigt, dass Proteste den Sinn haben, zur Prophetie zu werden. Prophetinnen und Propheten sind keine Wahrsager und Zukunftsinterpreten. Ihr „Markenzeichen" ist das „Pro". Sie sind Für-Sprecherinnen und Für-Sprecher. Also Frauen und Männer, die ihre Stimme erheben für solche, die keine Stimme haben oder zum Verstummen gebracht worden sind. Jeremia hatte eine Option für eine neue Gesellschaft. Seine Option ist kein ideologischer Entwurf, er ist ein Weg der Versöhnung und des konkreten Neuaufbaus.

Das 21. Jahrhundert wird Menschen brauchen, die aktiv in das Spannungsfeld zwischen Protest und Prophetie eintreten und daraus für die Erneuerung von Kirche und

Gesellschaft aktiv werden. Wie die unzähligen Tragödien der jüngsten Vergangenheit zeigen, ist es zum einen die achselzuckende Autoritätshörigkeit, die ganze Völker in den Abgrund führt, zum anderen die Gier nach Besitz und Reichtum, welche die Welt aus ihrem ökologischen Gleichgewicht wirft und einen großen Teil der Erdbewohner von den allen gemeinsamen Gütern ausschließt. Dagegen protestieren und agieren inzwischen zahlreiche Gruppen der Zivilgesellschaft. Ob sie genug Gehör finden? Ob sie genug Kraft für eine gesellschaftliche Wende haben? Ob die Kirchen und Religionen sich ihrer Berufung zum Prophetendienst genügend bewusst sind?

Entlarvung und Umarmung – Jesus

Kaum ein anderer Mensch stand in einem solchen Spannungsfeld wie Jesus von Nazaret. Geboren in äußerster Armut am Rand der zivilisierten Welt, wird er von den Boten Gottes als der „neugeborene König" und als Sohn Gottes angekündigt. Im biblischen Verständnis ist Jesus nicht nur einer der Großen der Weltgeschichte, der ein neues Ethos verkündet. Er ist vielmehr der personifizierte Bund zwischen Gott und Mensch. In ihm wird die Spannung zwischen Himmel und Erde zum Sakrament eines versöhnten, gotterfüllten Lebens. Gottes Inkarnation bedeutet Abstieg zum tiefsten Punkt irdischer Existenz. Und gerade darin wird Gottes Größe sichtbar. Jesus lebt alle Situationen seines Lebens in voller Präsenz und in vollem Bewusstsein. Vor Konflikten und Spannungen scheut er sich nicht, im Gegenteil, in ihnen wird die Auseinandersetzung zwischen Gesetz und Freiheit, zwischen Mitläufertum und Nachfolge, zwischen Heuchelei und Wahrheit deutlich. In ihnen wird auch seine Sendung, Retter der Armen zu sein, offenbar.

Es ist die Gefahr aller Religionen, dass sie Gottes Autorität benutzen, um menschliche Autorität zu stabilisieren, ja dass sie Machtmissbrauch und Gewalt religiös unterfüttern. Auch das Christentum ist dieser Versuchung in seiner Geschichte immer wieder erlegen, obwohl Jesus genau das als Blasphemie bezeichnet hat. Jesus hat keine Gelegenheit ungenutzt gelassen, jene zu entlarven, die mittels Religion und Kult ihre privaten oder gesellschaftlichen Bedürfnisse befriedigen. Im 23. Kapitel des Matthäusevangeliums rechnet er mit den Schriftgelehrten und Pharisäern ab. Die Tatsache, dass er sich dabei an das Volk und seine Jünger wendet, macht deutlich, dass niemand von dieser Versuchung verschont ist und dass die Warnung vor dem „Gottesmissbrauch" uns allen gilt. „Darauf wandte sich Jesus an das Volk und an seine Jünger und sagte: Die Schriftgelehrten und die Pharisäer haben sich auf den Stuhl des Mose gesetzt. Tut und befolgt also alles, was sie euch sagen, aber richtet euch nicht nach dem, was sie tun; denn sie reden nur, tun selbst aber nicht, was sie sagen. Sie schnüren schwere Lasten zusammen und legen sie den Menschen auf die Schultern, wollen selber aber keinen Finger rühren, um die Lasten zu tragen. Alles, was sie tun, tun sie nur, damit die Menschen es sehen: Sie machen ihre Gebetsriemen breit und die Quasten an ihren Gewändern lang, bei jedem Festmahl möchten sie den Ehrenplatz und in der Synagoge die vordersten Sitze haben, und auf den Straßen und Plätzen lassen sie sich gern grüßen und von den Leuten Rabbi (Meister) nennen. Ihr aber sollt euch nicht Rabbi nennen lassen; denn nur einer ist euer Meister, ihr alle aber seid Brüder. Auch sollt ihr niemand auf Erden euren Vater nennen; denn nur einer ist euer Vater, der im Himmel. Auch sollt ihr euch nicht Lehrer nennen lassen; denn nur einer ist euer Lehrer, Christus. Der Größte von euch soll euer Diener sein. Denn wer sich selbst erhöht, wird erniedrigt, und wer sich selbst erniedrigt, wird erhöht werden. Weh euch, ihr Schriftgelehrten und Pharisäer, ihr Heuchler! Ihr verschließt den Menschen das Himmelreich. Ihr selbst geht nicht hinein; aber ihr lasst auch die nicht hinein, die hineingehen wollen. Weh euch, ihr Schriftgelehrten und Pharisäer, ihr Heuchler! Ihr zieht über Land und Meer, um einen einzigen Menschen für euren Glauben zu gewinnen; und wenn er gewonnen ist, dann macht ihr ihn zu einem Sohn der Hölle, der doppelt so schlimm ist wie ihr selbst" (Mt 23,1–15).

Diese schonungslose Entlarvung ist die konsequente Fortsetzung des Dekalogs. Dort heißt es: „Du sollst den Namen des Herrn, deines Gottes, nicht missbrauchen; denn der Herr lässt den nicht ungestraft, der seinen Namen missbraucht" (Ex 20,7). Was alles wurde und wird bis heute im Namen Gottes verbrochen!? Waren es zur Zeit Jesu bestimmte Grußformeln, Fastengebote, Kleiderordnungen, Ehrentitel, die mit höchster religiöser Autorität gesellschaftlich durchgesetzt wurden, so gab es in der Kirchengeschichte noch viel schlimmere Auswüchse: Zwangsbekehrung, Inquisition, Hexenverbrennung, Nötigung zum Konfessionswechsel – um nur ein paar Stichworte einer bösen Praxis von Religionsmissbrauch zu nennen. Es ist nicht zu übersehen, dass Jesus einen großen Teil seiner Energie dafür eingesetzt hat, diesem Missbrauch den Kampf anzusagen. Er selbst spricht vom Willen Gottes vor allem dann, wenn es um den Menschen, seine Würde und

Freiheit geht. Gott ist ein sich erbarmender Gott, der den Menschen liebt. Jesus selbst zeigt diese Liebe, indem er sich den Armen, den Benachteiligten, den Kranken, den Sündern und den Heiden zuwendet. Ihnen gelten seine Botschaft und seine besondere Zuwendung. Berührung und Umarmung sind die äußeren Zeichen dafür. Gott ist für uns immer der ferne und geheimnisvolle JAHWE, er ist aber noch mehr der nahe und barmherzige ABBA. Jesus sieht seine Aufgabe darin, jene zu entlarven, die Gott als ihren Reichtum zu besitzen glauben, und jene zu umarmen, die sich in ihrer Armut Gottes bedürftig wissen. Die Spannung zwischen Entlarvung und Umarmung führt ihn zur Ganzhingabe seines Lebens und zu seinem Tod am Kreuz.

Dass sich Jesus immer wieder querlegt, hat nichts mit hochmütiger Besserwisserei zu tun. Sein „Querstrich" mündet im Kreuz. Nicht von ungefähr bringt gerade dieses Symbol schon rein äußerlich die ungeheure Spannung seiner Existenz zum Ausdruck: Angenagelt am Marterholz, ist der Gekreuzigte ausgespannt in der vertikalen und horizontalen Dimension. Der Mensch Jesus von Nazaret lebt und stirbt in der Spannung zwischen Himmel und Erde und den gegensätzlichen Kräften menschlicher Machtspiele. Es ist atemberaubend, in welcher Souveränität Jesus jede Möglichkeit zur Flucht und jede Form von Kompromiss ablehnt. Geradlinig vollendet er sein Lebenswerk und sieht gerade in der sterbenden Hingabe die Konsequenz dieses Lebens. Völlig ohnmächtig und handlungsunfähig bringt er gerade am Kreuz die unbesiegbare Macht der Liebe zum Ausdruck. Jesus ist weder bereit dazu, die Polarität zwischen Leben und Tod und zwischen Gut und Böse zu umgehen, noch fordert er von Gott ein Wunder, um das Paradoxon aufzulösen. Vielmehr hält er in Bewusstheit den härtesten aller Konflikte, den Tod, aus. Sein Ruf am Kreuz „Mein Gott, mein Gott, warum hast du mich verlassen?" (Mk 15,34b) ist Ausdruck tiefster Verlassenheit. Trotzdem beschließt Jesus sein Leben mit dem Gebet der Hingabe: „Vater, in deine Hände lege ich meinen Geist" (Lk 23,46a).

Der Kern der christlichen Erlösungsbotschaft ist dieser: Christus befreit die Welt, die mit sich selbst und mit Gott, ihrem Urgrund, in Unfrieden lebt, indem er ebendiese Zerrissenheit in seiner eigenen Existenz aushält und in heilende Kraft transformiert. Aus der Ohnmacht wird Lebensmut, aus Hass wird Liebe, aus Lüge wird Wahrheit. In der Auferweckung Jesu verwandelt Gott selbst den Tod in neues Leben. So verstanden, ist die Erlösung kein von Gott gefordertes Sühneopfer, das wieder gut macht, was die Menschheit angestellt hat. Sie ist vielmehr die frei gewählte Hingabe Jesu, Hingabe aus Liebe zu Gott und den Geschöpfen. Erlösung ist darum mehr als die Lösung menschlicher Paradoxien. Faktisch hat die Tat Jesu die Konflikte und Probleme der Menschheit ja nicht aus der Welt geschafft. Wir leiden nach wie vor an Hunger und Kälte, an Egoismus und Gewalt, an Krankheit und Tod. Aber in ihrem innersten Punkt ist in dieser Welt durch Jesus sozusagen ein neuer Funke gezündet. Oder wie es Paulus sagt: „Er (Jesus) riss durch sein Sterben die trennende Wand der Feindschaft nieder. Er hob das Gesetz samt seinen Geboten und Forderungen auf, um die zwei in seiner Person zu dem einen neuen Menschen zu machen" (Eph 2,14 f). Im innersten Kern ist die Welt heil durch die von Jesus bewirkte Versöhnung mit Gott. In der Konsequenz dieser Versöhnung ruft Jesus uns auf den Weg der

Nachfolge. Er macht uns zu Jüngerinnen und Jüngern, die an der Verwandlung einer von Angst und Tod gezeichneten Welt und am Aufbau des Reiches Gottes mitwirken. Konkret heißt dies, dass sich die Jüngerschaft Jesu nicht darin erschöpft, dass Christinnen und Christen ihren Glauben an Jesus Christus bekennen und ihn in ihren Liturgien feiern. Aus der Kraft dieser spirituellen Quellen werden sie beginnen, selbst versöhnend zu wirken, in ihrem persönlichen Umfeld und in ihrer gesellschaftlichen Existenz „die trennende Wand der Feindschaft" niederzureißen, Ideologien zu bekämpfen, sich für eine universale Gerechtigkeit einzusetzen.

3. Spannungen als Reifungsprozess – Franz von Assisi

Franz von Assisi fand in seiner Zeit eine Glaubenspraxis vor, die der biblischen Botschaft wenig Raum ließ. Sie war überwachsen von dogmatischen Abgrenzungen gegenüber anderen religiösen und weltanschaulichen Entwürfen. Sie war verkürzt auf einen moralischen Lebensrahmen und auf asketische Praktiken der Selbstvervollkommnung. Wie ein übermaltes Fresko legte Franziskus das Evangelium in seiner ursprünglichen Strahlkraft und Farbe frei. Er erkannte in der Gestalt und Botschaft Jesu für sich und seine Brüder den authentischen Weg der Nachfolge. Er richtete seinen Blick ganz und gar auf den Mann aus Nazaret, suchte – wie er – die innige Verbundenheit mit dem Abba-Gott, ergriff Partei für die Armen und Ausgegrenzten und war überzeugt von der heilenden Kraft menschlicher Nähe und Berührung.

Biographen, die Franziskus so zeichnen, wie er war, bieten keine stromlinienförmige Heiligenvita. Sie zeigen in aller Ehrlichkeit die Widersprüche seines Lebens auf und lassen die Gegensätze stehen. Das „Heilige" an ihm ist, dass er auch das „Unheilige" zulässt, dass er die Konflikte und Polaritäten aushält. Daraus erwachsen heilende Energien, die sein Leben und das Leben vieler, die sich von ihm inspirieren lassen, aufblühen lassen.

Bitterkeit wird Zärtlichkeit –
das Fremde integrieren

Der Künstler Friedensreich Hundertwasser hat in seinem berühmten Verschimmelungsmanifest die gerade Linie *gottlos und unmoralisch* genannt. Sie sei im Grunde dem Menschen, der nach dem Bild Gottes geschaffen sei, fremd. Fakt ist, dass uns auf Schritt und Tritt gerade Linien begegnen. Unsere Häuser und Wohnungen, unsere Bücher und Papierblätter, unsere Graphiken und Koordinatensysteme – alles gerade Linien. Und irgendwie faszinieren sie uns ungeheuerlich. Warum? Ich glaube, es gibt zwei Gründe.

Der erste: In der Geometrie ist eine gerade Linie die kürzeste Verbindung zwischen zwei Punkten. Also sozusagen ein Weg ohne Hindernisse – schnell, direkt, erfolgreich. Die gerade Linie ist ein eindrucksvolles Symbol für die Macht des Menschen und die Machbarkeit des Lebens. Mit einem einzigen Strich vermittelt sie die Botschaft: Du hast dein Leben in der Hand. Lass dich nicht aufhalten und geh auf direktem Weg zum Ziel.

Der zweite Grund: Die gerade Linie schafft Grenzen. In der Umgangssprache raten wir manchmal einem Menschen, der in einem tiefen Konflikt steckt: „Mach doch endlich einen Strich drunter!" Damit meinen wir: Mach endlich Schluss, distanziere dich, grenze dich ab. Der Strich drunter – je gerader, desto eindeutiger und endgültiger – bedeutet die Trennung zwischen Ja und Nein, Freund und Feind, Licht und Dunkelheit.

Was Franziskus in seinen jungen Jahren erlebt, was ihm vorgelebt wird, ist das „Prinzip der geraden Linie". Seinem Vater geht es zuerst um genau das: schnell reich werden, angesehen sein, mit Macht spielen. Das bedeutet dann auch: anders sein, sich abgrenzen, exklusiv leben. Der Grund, warum Franziskus die Ideologie der geraden Linie durchschaut und ihr abgeschworen hat, liegt unter anderem in zwei gewaltigen biographischen Einbrüchen: Als junger Mann hatte er sich den Bürgerlichen (damals „minores" genannt) angeschlossen, die in der Stadt Assisi den Adeligen (damals „majores" genannt) die Herrschaft entreißen und eine neue Gesellschaftsordnung aufbauen wollten. Die Adeligen wurden von Perugia unterstützt, es kam zum Krieg. Die Bürger von Assisi verloren die Schlacht bei Collestrada. Franz wurde gefangen genommen und lag ein Jahr lang in einem dunklen Turm. Todkrank wurde er nach Hause geschickt. Das Trauma ging tief: Franziskus erlebte erstmals die Zerbrechlichkeit und Endlichkeit des Lebens. Sein bisheriges, durchweg optimistisches Lebensgefühl zerbrach, er stürzte in Angst und Depression. Es brauchte lange Zeit, bis er sich einigermaßen erholte.

Einige Jahre später kam ein noch tieferer Einbruch: Es war die Begegnung mit dem Aussätzigen. Thomas von Celano schildert, wie Franziskus eines Tages – er war wieder genesen – in das Tal von Umbrien reitet. Da steht unversehens ein Aussätziger am Weg. Franziskus will wegreiten, aber er kann nicht. Etwas hält ihn fest. Er steigt vom Pferd, nähert sich dem Aussätzigen und umarmt ihn. In seinem Testament schreibt er später: „Als ich in Sünden war, kam es mir sehr bitter vor, Aussätzige zu sehen. Und der Herr selbst hat mich unter sie geführt, und ich habe ihnen Barmherzigkeit erwiesen. Und da ich fortging von ihnen, wurde mir das, was mir bitter vorkam, in Süßigkeit der Seele und des Leibes verwandelt" [Test 1–3 (FQ, 59)].

Was sich wie ein Satz aus einer erbaulichen Heiligenlegende anhört, war für Franz in Wirklichkeit ein Bruch seiner bisherigen Lebenseinstellung und seines Lebensgefühls. Aussatz gilt im Mittelalter als eine tödliche Krankheit. Aussätzige zu berühren heißt, sich selbst der Gefahr der Infizierung aussetzen. Aus der Angst wird ein Prinzip: Zwischen den Gesunden und den Aussätzigen darf es keine Verbindung, kein Gespräch, keine Berührung geben. Die Infizierten werden hermetisch abgeriegelt und sozial eliminiert. Wenn bei einer Bürgerin oder einem Bürger Aussatz entdeckt wird, hält die Gemeinde für sie oder ihn einen Totengottesdienst. Die Aussätzigen werden mit Warnglöckchen ausgestattet und müssen die Stadt schnellstens verlassen. Nie mehr dürfen sie den bewohnten Bereich betreten noch sich zu Lebzeiten einem gesunden Menschen nähern.

Als Franziskus vor dem Aussätzigen steht, sagt ihm der gesunde Menschenverstand: Steck dich ja nicht an! Reite schnell weg. Was ihn im Letzten dazu bewegt, zu bleiben, ja vom Pferd zu steigen und den Aussätzigen zu umarmen, das bleibt sein Geheimnis. In einem einzigen Augenblick vollzieht sich ein Wandel: Er sieht unter der zerfressenen Haut ein Gesicht. Lebendige Augen schauen ihn an. Er spürt, dass in der Brust dieses Menschen ein Herz schlägt. Und er weiß intuitiv: Wir beide sind – verwandt. Auch in diesem todkranken Menschen, in seiner Herzmitte, ist etwas Heiles und Lebendiges. Und in mir, in meiner Herzmitte, ist gleichsam etwas Krankes und Unheiles. – Franziskus hat diesen Augenblick später als seine Bekehrung gedeutet. In seinem Fall bedeutet Bekehrung, dass er die gerade und trennende Linie überschritt und sich furchtlos dem ihm Fremden näherte.

Im Menschen sind zwei Grundtriebe am Werk: der Todestrieb und der Lebenstrieb. Der Todestrieb will haben. Aber alles, was wir haben können, ist in Wirklichkeit tot. Häuser können wir bauen, Geld können wir auf die Bank bringen, Dokumente können wir im Aktenschrank deponieren. Es sind Wertgegenstände. Aber im Letzten suchen wir nicht *Gegenstände*, wir suchen *Begegnungen*. Wir suchen nicht *Objekte*, wir suchen *Subjekte*. Wir suchen nicht *Wertsachen*, wir suchen *Werte*. Wir suchen nicht *Glücksmomente*, wir suchen *Sinn*. Der Haben-Modus vergiftet sogar unsere Beziehungen. Wir möchten gerne Freunde *haben*, einen Partner, eine Partnerin, Kinder. Jedoch: Das Lebendigste, was es gibt, die Begegnung, lässt sich nicht *haben* wie ein kostbarer Diamant im Safe. Begegnung können wir nur im Loslassen und Freigeben *erfahren*.

Franziskus findet in der Begegnung mit dem Aussätzigen neue Wertigkeiten. Die sprichwörtliche franziskanische Zärtlichkeit ist weniger eine freundliche Geste des Sich-Wohlfühlens, sie ist vielmehr ein lebensbejahendes „Trotzdem" angesichts der Bitterkeiten des Lebens, angesichts der Verwundungen, die wir erfahren und uns gegenseitig zufügen. Was weh tut, was mir widerstrebt, was, wie es Franziskus ausdrückt, „bitter" schmeckt, kann sich in eine „Süßigkeit des Leibes und der Seele" verwandeln, wenn ich die Provokation annehme, die darin steckt. Zärtlichkeit leuchtet dort auf, wo Menschen die trennenden Linien überschreiten, wo sie gegen Exklusion und Ausgrenzung kämpfen. Hier wird deutlich, dass Beziehung immer ein Prozess der Verwandlung ist. Wir brauchen Zeit, um die Sucht des Haben-Wollens und die Tendenz der Ausgrenzung zu überwinden und zu einem Leben in großer Freiheit und echter Begegnung hin zu wachsen.

Das Leben nach dem Evangelium ist nicht beschränkt auf ein Leben nach den evangelischen Räten Armut, Gehorsam und ehelose Keuschheit. Es greift tiefer als der Verzicht auf sexuelle Partnerschaft, auf Selbstständigkeit und Eigentum. Dies hat auch Franziskus schon so gesehen. Auf Drängen von „Menschen in der Welt", also verheirateten und mehr oder weniger wohlhabenden Bürgern, hat er auch für sie eine franziskanische Regel geschrieben. Franziskus wusste um die innere Klammer, die alle Lebensformen verbindet. Er wusste um den Wert eines selbstverantworteten Lebens. Er wusste um die vielen Möglichkeiten, Beziehungen zu gestalten. Er wusste, dass Keuschheit nicht zuerst Verzicht auf sexuelle Praxis ist, sondern Verantwortung in Ehe und Freundschaft, Ausdruck der Gerechtigkeit unter den Geschlechtern. Seine Beziehungen zu Klara, zu „Bruder Jakoba", wie er eine vornehme Freundin nannte, und auch zu seinen Brüdern sind voller Zärtlichkeit.

Was in der franziskanischen Ordensregel vor allem herausragt, ist die Verpflichtung zu einer konsequenten Armutspraxis. Franziskus verbot seinen Brüdern jede Form von Besitz und Geldverkehr. Der Grund dafür ist wohl vor allem darin zu sehen, dass er selbst die Erfahrung gemacht hatte, wie verführerisch und mächtig das Haben-Wollen ist. Für ihn ist die Habsucht die Mutter aller Laster. Und doch gilt auch für Franziskus: Die radikal praktizierte Armut ist keine für alle geltende Regel. Er verachtet die Reichen nicht, will sie jedoch durch das Zeichen der Armut zum sinnvollen und verantworteten Umgang mit Hab und Gut anregen. Wenn Franziskus, wie er mehrfach betont, eine fröhliche Armut leben will und von der Armut sogar als seiner geliebten Braut spricht, dann wird deutlich: Es geht ihm im Sinn des Evangeliums um ein befreites, erlöstes Dasein. Das beginnt da, wo Menschen sich lösen von den quälenden Ansprüchen des Haben-Wollens.

Franziskus versteht den Sendungsauftrag Jesu „Geht hinaus in die ganze Welt, und verkündet das Evangelium allen Geschöpfen!" (nach Mt 28,19f) als ein Grundanliegen des Evangeliums und nimmt es ganz wörtlich. Anstatt sich in ein Kloster zurückzuziehen, um sich allein dem Gebet zu widmen, geht er auf die Straßen und Marktplätze, um mit Worten und noch mehr durch sein Lebenszeugnis zu predigen. Dabei geht das kontemplative Leben nicht verloren, denn es ist für Franz nicht an besondere Orte und Praktiken gebunden. Die Spannung zwischen Aktion und Kontemplation ist kein Entweder-oder. Sie ist vielmehr die Herausforderung und Chance, das eine im anderen zu leben. Die Inkarnation Gottes setzt sich fort in der Weise, wie Menschen in der Nachfolge Jesu Gottes reale Gegenwart mitten in der Welt erfahren und leben.

Franziskanische Spiritualität ist nicht welt*enthoben*, sondern welt*verwoben*. Weil Jesus die Gottesliebe untrennbar mit der Nächstenliebe verknüpft, weil Gott sich im Gesicht der Menschen und in der Realität der Schöpfung zeigt, darum sind Gebet und Frömmigkeit dann stimmig, wenn sie ergänzt werden durch das Engagement für den Frieden und die Sorge um die Geschöpfe.

Nicht zuletzt diese Vision hat Franziskus dazu bewegt, den sogenannten Dritten Franziskanischen Orden zu gründen. Wie tief Frauen und Männer dieser Laienbewegung die mittelalterliche Gesellschaft geprägt haben, zeigt sich heute noch an den vielen Hospizen und Spitälern, die aus jener Zeit stammen. Tatsache ist auch, dass die mittelalterlichen Städtekriege unter anderem auch deshalb beendet wurden, weil sich die Drittordensmitglieder – das waren damals Hunderttausende – weigerten, Waffen zu tragen.

Wenn Franziskus diese Laiengemeinschaft den „Orden von der Buße" nennt, dann lässt uns das möglicherweise zurückschrecken. Für ihn ist Buße die biblische Metanoia, das grundsätzliche Umdenken im Sinne der Bergpredigt. Buße bedeutet, sein Ego und seine Bedürfnisse hintanzustellen und sich ganz auf Gott hin zu verlassen. Leider hat dieses Wort für viele heutige Menschen durch eine individualistische Einengung im Sinne der Selbstvervollkommnung und durch den dadurch entstandenen Beigeschmack der Leib- und Weltfeindlichkeit seine tiefe Bedeutung verloren. Gerade deswegen ist es wichtig, den eigentlichen Sinn neu zu entdecken. Nicht zuletzt Papst Franziskus macht in seinen Reden und in seinem Verhalten deutlich, dass Kirche und Gesellschaft dringend der Metanoia bedürfen. Die moderne Zivilisation verdient nach ihm nur dann ihre Bezeichnung als solche, wenn sie sich mit allen Kräften den Herausforderungen der Gegenwart stellt. Diese sind vor allem in der gerechten Partizipation aller Menschen an den Gütern der Welt und im schöpfungsgerechten Umgang mit dieser Erde zu sehen. Die franziskanische Vision hat gerade auf dem Hintergrund unserer heutigen religiösen und weltpolitischen Situation eine befreiende visionäre Kraft. Die Bußpredigt des Franziskus könnte für heute so übersetzt werden: Nichts auf dieser Welt gehört einem Menschen oder einer Menschengruppe allein. Die Güter der Erde sind allen Menschen gleichermaßen als Leihgabe anvertraut. Sie sind

den heute Lebenden in solcher Weise zur Nutzung überlassen, dass sie diese unbeschadet den kommenden Gene-
rationen weitergeben. Was uns als Eigentum übertragen
ist, dürfen wir nur so gebrauchen, dass es nachhaltig dem
Wohl der Allgemeinheit dient.

Askese wird Lebenslust – die Schöpfung lieben

Es ist das Jahr 1224. Franz von Assisi ist erst 42 Jahre alt
und doch schon ein kranker, hinfälliger Mann. Bei einer
Reise in den Orient hat er sich eine Augenkrankheit zu-
gezogen. Seine Augen schmerzen bei Tageslicht und erst
recht, wenn die Sonne scheint. Auch seine Seele leidet.
Das Schlimmste ist die Angst, dass sein Leben vor Gott
nicht bestehen kann. In diesem Zustand geht er nach San
Damiano, an den Ort, wo ihm Christus vom Kreuz herab
zugesagt hat, er sei berufen, die Kirche zu erneuern. Inzwischen hatten sich in San Damiano Klara und ihre
Schwestern niedergelassen. Hierher, in den Garten des
Klosters, zieht sich Franziskus zurück und lässt sich eine
Strohhütte bauen. Er ringt mit sich und betet. Und ausge-
rechnet in dieser dunklen Zeit schreibt er seinen berühmten Sonnengesang:

„Höchster, allmächtiger, guter Herr,
dein sind das Lob, die Herrlichkeit und Ehre und jegli-
cher Segen.
Dir allein, Höchster, gebühren sie,
und kein Mensch ist würdig, dich zu nennen.
Gelobt seist du, mein Herr,
mit allen deinen Geschöpfen,

zumal dem Herrn Bruder Sonne,
welcher der Tag ist und durch den du uns leuchtest.
Und schön ist er und strahlend mit großem Glanz:
Von dir, Höchster, ein Sinnbild.
Gelobt seist du, mein Herr,
durch Schwester Mond und die Sterne;
am Himmel hast du sie gebildet,
klar und kostbar und schön.
Gelobt seist du, mein Herr,
durch Bruder Wind und durch Luft und Wolken
und heiteres und jegliches Wetter,
durch das du deinen Geschöpfen Unterhalt gibst.
Gelobt seist du, mein Herr,
durch Schwester Wasser,
gar nützlich ist es und demütig und kostbar und keusch.
Gelobt seist du, mein Herr,
durch Bruder Feuer,
durch das du die Nacht erleuchtest;
und schön ist es und fröhlich und kraftvoll und stark.
Gelobt seist du, mein Herr,
durch unsere Schwester, Mutter Erde,
die uns erhält und lenkt
und vielfältige Früchte hervorbringt
und bunte Blumen und Kräuter.
Gelobt seist du, mein Herr,
durch jene, die verzeihen um deiner Liebe willen
und Krankheit ertragen und Drangsal.
Selig jene, die solches ertragen in Frieden,
denn von dir, Höchster, werden sie gekrönt.
Gelobt seist du, mein Herr,
durch unsere Schwester, den leiblichen Tod;
ihm kann kein Mensch lebend entrinnen.

Wehe jenen, die in tödlicher Sünde sterben.
Selig jene, die er findet in deinem heiligsten Willen,
denn der zweite Tod wird ihnen kein Leid antun.
Lobt und preist meinen Herrn
und dankt ihm und dient ihm mit großer Demut."
[Sonn (FQ, 40 f)]

Der Sonnengesang ist bis heute einer der schönsten und
am meisten gelesenen Texte europäischer Lyrik. Wie alle
großen Texte wurde und wird auch dieses Lied nicht selten missverstanden. Es hat dazu geführt, dass wir in Franziskus allzu gerne den Naturromantiker sehen, der vor jedem Blümchen entzückt stehen bleibt und die Schöpfung
als „heile Welt" besingt. Zu Recht steht ein solches Verständnis in der Kritik. Zu Recht stellt sich die Frage: Wie
können wir die Schönheit der Schöpfung besingen angesichts der Zerstörung des Regenwaldes und des drohen-
den Klimawandels? Fakt ist, dass Naturkatastrophen unseren Planeten bedrohen, dass unzählige Arten von Pflanzen
und Tieren bereits ausgestorben sind, dass der Mensch sich
in seiner Gier und Gleichgültigkeit als der größte Feind
der Schöpfung entpuppt. Hatte Franz von Assisi von all-
dem auch nur den Schimmer einer Ahnung?

Die beiden letzten Strophen des Sonnengesangs zeigen:
Zur Schöpfung gehören auch jene, die „Krankheit ertragen und Drangsal". Ja selbst „unsere Schwester, den leiblichen Tod", besingt Franziskus. Der Sonnengesang ist viel
mehr als ein fröhliches Lied auf die Schönheit der Natur.
In ihm drückt sich die ganze Spannung aus, in der wach-
same Augen die Schöpfung vorfinden: die Spannung zwischen Wachstum und Niedergang, Aufblühen und Zerfall, Leben und Tod. Bereits der Apostel Paulus hat im

Römerbrief geschrieben: „Wir wissen, dass die gesamte Schöpfung bis zum heutigen Tag seufzt und in Geburtswehen liegt" (Röm 8,22). Darin wird deutlich, dass die Schöpfung nicht nur unter den Störungen und Zerstörungen, die durch die Gier und Unvernunft des Menschen verursacht werden, leidet. Wer genau hinsieht, erkennt in ihr auch eine große Anzahl von „Geburtsfehlern". Naturkatastrophen größten Ausmaßes gehören ebenso dazu wie biologische Entwicklungen, die keinen Sinn machen. Die Augen heutiger Naturwissenschaftler erkennen, dass die Evolution ganz und gar nicht so verlief, dass nach jedem ihrer Abschnitte das Wort der Genesis stehen kann: „Und Gott sah, dass es gut war" (Gen 1,10b). Die Verletzungen und Brüche der Natur – ob sie nun in ihr selbst liegen oder vom Menschen verursacht werden – schreien zu Gott.

Franz von Assisi wusste nichts von der Evolutionslehre und doch nahm er sehr bewusst die Fragezeichen der Schöpfung wahr und stand ihnen ratlos gegenüber. Ihm ist die christologische Perspektive der Schöpfung wichtig. Auch und gerade ihre „Geburtswehen", wie Paulus die Leiden der Schöpfung nennt, sieht er auf den gekreuzigten und auferstandenen Christus hin. Wenn in den Biographien des heiligen Franziskus erzählt wird, dass er mitunter einen Wurm von der Straße aufhob, kann man darüber lächeln und dies als schwärmerische, naive Naturromantik abtun. In Wirklichkeit aber erinnert Franziskus an den Psalm 22, an jenen Text, den Jesus am Kreuz gebetet hat: „Mein Gott, mein Gott, warum hast du mich verlassen? (...) Ich bin ein Wurm und kein Mensch, der Leute Spott, vom Volk verachtet" (Ps 22,2.7). Franziskus versteht diesen Psalm messianisch und sieht im Wurm ein Sinnbild des leidenden Christus. Die unvollendete und gequälte Schöpfung wird zum Sinnbild des Gottes, der sich nicht scheute, „Fleisch" zu werden und wie alles Vergängliche zu sterben. Der Schrei am Kreuz ist auch der Schrei der Schöpfung. Die franziskanische Schöpfungsfrömmigkeit ist alles andere als eine in sich geschlossene Naturmystik. Sie öffnet sich und verweist auf Christus hin, der das A und O der Schöpfung ist, ihr Anfang und Ziel. Das Evolutive der Schöpfung, ihr Noch-nicht-fertig-Sein, zielt darauf hin, dass sich der Leib Christi, zu dem auch die Natur gehört, entwickelt und vollendet, bis Gott alles in allem wird. Denn „von ihm stammt alles und wir leben auf ihn hin" (1 Kor 8,6).

Wenn franziskanische Frömmigkeit immer wieder das Leiden Christi ins Blickfeld stellt, dann weniger, um dem Menschen seine Vergänglichkeit ins Gedächtnis zu rufen, sondern um zu verdeutlichen: Im Leiden Christi nimmt Gott das Leiden der Geschöpfe auf sich. Passionsfrömmigkeit wird zur Schöpfungsfrömmigkeit und inspiriert dazu, die Schöpfung zu würdigen und zu schützen.

Wieder wird die Spannung sichtbar, in welcher der glaubende Mensch steht. Der Sonnengesang ist ein Lied zwischen Lebenslust und Askese. Ja, die Schöpfung ist großartig und ein Grund zu überschäumender Freude. Sie ist das Sinnbild für die Größe und Schönheit Gottes. Sie lobt Gott und der Mensch kann in dieses Lob auch bewusst mit einstimmen.

Zugleich ist der Sonnengesang eine eindringliche Mahnung zur Askese. Zur Übung der Bescheidung und Enthaltsamkeit. Die Schöpfung verdient um Gottes willen den besonderen Schutz des Menschen. Spätestens seit die Welt in eine ökologische Krise geraten ist, wissen wir um die globalen Zusammenhänge: Von Humanität, von Frieden und Gerechtigkeit können wir nur sprechen, wenn wir auch von der Bewahrung der Schöpfung reden. Und umgekehrt: Die Verletzung der Menschenwürde und der Menschenrechte können wir nur dann anprangern, wenn wir auch die Wunden anklagen, die wir den Geschöpfen zufügen. Und weiter: Unser Gebet ist dann wahrhaftig und ganz, wenn wir die Schöpfung in unser Gebet mit einbeziehen. Die Gebete des Alltags sind die Fortsetzung der Gebete im Gotteshaus oder in der stillen Kammer. Gott loben bedeutet, gegen Ausbeutung und Profitgier kämpfen und sowohl im privaten als auch im gesellschaftlichen Kontext alles tun, was der Misshandlung der Schöpfung Einhalt gebietet. Franziskus wusste es damals und wir wissen es aus aktueller schmerzlicher Erfahrung: Menschen sind in ihrer Gier und Hybris imstande, das Gleichgewicht der Natur so nachhaltig zu stören, dass sie selbst in ihrer Existenz gefährdet sind. Das Gebet denkender Menschen erbittet nicht das „Wunder von oben", denn damit würde es die eigene Verantwortung auf Gott abschieben. Das wahre Gebet lässt sich im Schweigen und Hören hineinnehmen in den Anspruch Jesu nach Umkehr und Verwandlung. Das Gebet wird so zu einem österlichen Handeln, das den tödlichen Mächten widerspricht und den Aufstand des Lebens unterstützt.

Wer die Kontemplation der Schöpfung mit der Verantwortung für ihre Bewahrung verbindet, wer die Spannung zwischen Freude und Schmerz, zwischen Lebenslust und Askese aushält, wer sich bewusst in diese Spannung hineinbegibt und aus ihr die Energie für politische und ökologische Veränderung schöpft, hat Franziskus und seinen Sonnengesang verstanden.

Abstieg wird Aufstieg – das Sterben annehmen

Franziskus war ein Meister der Inszenierung. Alles wird zum Spiel – nicht zum Versteckspiel, sondern zum Spiel der Enthüllung. Die Wahrheit, die nicht sagbar ist, zeigt sich im Bild, im Symbol, im Spiel. Selbst sein Sterben inszeniert Franziskus: Er spürte, dass sein Tod nahe war. Da bat er, man möge ihn nach Santa Maria zu Portiuncula tragen. Dort angekommen, ließ er sich auf den nackten Boden legen. Er wollte ganz frei sein, unbeschwert und ohne an irgendetwas in dieser Welt gebunden. Er ließ alle Brüder, die in der Nähe waren, zu sich rufen und tröstete sie. Jedem legte er seine Hand auf den Kopf und segnete sie alle. Er sagte zu ihnen: „Was ich tun konnte, das habe ich getan; möge nun Christus euch lehren, was ihr tun sollt." Und er segnete in den anwesenden auch die abwesenden Brüder und auch all jene, die in den kommenden Zeiten zur Bruderschaft gehören würden. Als die Brüder weinten, ließ sich Franziskus Brot bringen. Er segnete es, brach es und gab jedem ein Stück zu essen. Dann ließ er sich das Evangelienbuch bringen und bat, man möge ihm den Passionsbericht nach Johannes vorlesen. Die wenigen Tage, die ihm bis zu seinem Tod blieben, verbrachte er im Gebet und forderte auch seine Gefährten auf, mit ihm Christus zu loben. „Wenn ihr seht, dass es mit mir zu Ende geht", sagte er zu den Brüdern, „dann legt mich nackt auf den Boden. Wenn ich dann verstorben bin, lasst mich so lange liegen, wie man braucht, um in aller Ruhe eine Meile weit zu gehen." So kam seine Stunde. Sein Leben war erfüllt, so dass er dankbar zu Gott ging [vgl. 2 C 214–216 (FQ, 415 ff.)].

Diese Geschichte zeigt: Der Tod war für Franziskus keine Tragödie, eher ein Heimgang. Selbst im Sterben wird die Armut für ihn zum Ausdruck wahrer Freiheit. Ohne alles, sogar ohne Kleider, will er vor seinen Schöpfer treten. Da ist nichts von tragischer Schwermut, da ist vielmehr eine Leichtigkeit, die reich ist und heiter stimmt. Franziskus ist sich gewiss: Es gibt nichts, was wir Gott bringen müssten. Wir sind seine Kinder und mehr braucht es nicht.

Dabei war das Leben dieses Mannes, der bereits mit 44 Jahren starb, alles andere als leicht. Nach einer behüteten Kindheit und einer leichtsinnigen Jugend treffen ihn harte Schläge: der Streit mit seinem Vater, der mit einem Prozess vor dem Bischof und Enterbung endet; die Verachtung seiner Heimatstadt, als er bettelnd durch die Straßen zieht; das harte Ringen um seine Berufung; die Skepsis der kirchlichen Obrigkeit gegenüber seinem Lebensentwurf; Hunger und Kälte, später die Auseinandersetzungen in seinem Orden, schwere Depressionen, eine furchtbare Krankheit, die ihm unsagbare Schmerzen bereitet. Und nicht zuletzt die Angst, von Gott verlassen zu sein. Schritt für Schritt und Stufe für Stufe vollzieht sich ein menschlicher Untergang. Das Wort von der „Karriere nach unten" gibt gut wieder, was Franziskus nach menschlichem Ermessen erlebt hat. Ist das Sterben nicht die letzte Stufe einer solchen Treppe? Ist der Tod nicht das Aus, in dem alles Bisherige zerfällt? Es ist interessant, dass sich in den Schriften des Franziskus verhältnismäßig wenig über „das Leben nach dem Tod" findet. Franziskus war sich dessen gewiss, dass sein Leben aus Gott kommt und in Gott mündet.

Er wurde mitten im Leben der Vergänglichkeit gewahr. Er wusste, dass er nur ein Mensch ist: der Zeit unterworfen und sterblich. Er spürte, dass im Leben der Tod präsent ist. Jeder Tag ist ein Abschied-Nehmen. Umgekehrt ist im Tod das Leben gegenwärtig. Im Sterben enthüllt sich das Samenkorn des neuen Lebens.

Wie sehr für Franziskus Tod und Leben miteinander verwoben sind, wie sehr er sein eigenes Leben und Sterben im Blick auf das Leben und Sterben Jesu hin betrachtet, wird vielleicht am besten deutlich im Bericht von seiner Stigmatisation: Es war zwei Jahre vor seinem Sterben. Franziskus verbrachte eine Zeit des Gebetes in einer Einsiedelei auf dem Berg La Verna. Dort hatte er eine Vision. Was er sah, berührte ihn tief: Ein Mann, der an ein Kreuz geheftet war und zugleich einem Seraph mit sechs Flügeln glich. Zwei der Flügel erhob der Engel über sein Haupt, zwei breitete er im Flug aus und mit zweien bedeckte er seinen Körper. Franziskus konnte sich nicht erklären, was diese Vision bedeuten sollte. Sie erfüllte ihn einerseits mit Staunen und Freude, andererseits mit Trauer und Schmerz. Als er wieder zu sich kam und sich erhob, kreisten seine Gedanken und Gefühle um das, was er geschaut hatte, aber er konnte es sich nicht erklären. Da brachen plötzlich an seinen Händen und Füßen tiefe Wunden auf. Es sah aus, als hätten Nägel seine Hände und Füße durchbohrt. Die Wundmale des Gekreuzigten hatten sich in seinem Körper eingeprägt [vgl. 1 C 94 (FQ, 256)].

Bemerkenswert ist die Stimmungsmelange: Im Bild vom Seraph, das ist in Wahrheit ein himmlisches Engelswesen, begegnet ihm der Gekreuzigte, das ist in Wahrheit ein zu Tode Gefolterter. Das ambivalente Bild bedeutet zugleich Aufstieg und Abstieg, Jubel und Leiden, Leben und Tod. In diese Wirklichkeit wird Franziskus so sehr hineingezogen, dass sich seinen Händen und Füßen die Wundmale einprägen. Er hat sich in einer außerordentlichen Weise auf die Existenz des Gekreuzigten eingelassen.

In der Stigmatisation und in dem, was Franziskus daraus lernt, wird spürbar, dass aus der Spannung zwischen Leben und Tod eine neue Kraft entsteht: die Liebe. Die Liebe ist die Klammer, die beides – das Leben und das Sterben – auf Gott hin wendet. Liebe bedeutet das Wagnis, sich selbst loszulassen, sich einzulassen auf Gott, der Grund und Ziel aller Liebe ist. In der Spannung zwischen Abstieg und Aufstieg, zwischen Tod und Leben wächst der Weg in ein neues Land. Franziskus ist sich dessen im Bewusstsein um seinen nahen Tod so sicher, dass er keinen Beweis braucht. Er wagt im Sterben den endgültigen Sprung in das Vertrauen auf Gott. Als es mit ihm zu Ende geht, kann er nicht anders, als das Drama vom Tod und vom Leben zu spielen. Er kann nicht anders, als das Leben im Tod zu feiern.

4. Spannungen als Energiequellen – gangbare Wege

In einer Zeit, in der Menschen in Gefahr sind, sich einerseits dem Kitzel der Hochspannung auszusetzen, um mehr Leben zu spüren, andererseits die totale Entspannung suchen, um sich zu erholen, scheint es mir wichtig zu sein, von gesunden und gesundmachenden Spannungen zu sprechen. Das christliche Lebensmodell sucht solche Spannungen, hält sie aus und macht sie für ein erfülltes menschliches und soziales Leben fruchtbar. Dabei geht es um die Perspektive einer ganzheitlichen Salutogenese, die sowohl der mystischen Erfahrung als auch dem gesellschaftlichen Engagement für Gerechtigkeit, Frieden und Bewahrung der Schöpfung Raum und Unterstützung gewährt.

In der Gegenwart leben

Je älter wir werden, umso stärkeres Gewicht bekommt die Vergangenheit. Das Erinnern an die Vergangenheit ist die Ernte der zurückliegenden Tage. Wir würden gerne die schönen Stunden und das, was uns gelungen ist, festhalten. Aber das geht nicht. Wir würden gerne Unfälle rückgängig machen, zerbrochene Beziehungen reparieren, Versäumtes nachholen. Das geht auch nicht. Wir können uns an die Vergangenheit erinnern und sie aufarbeiten, ändern können wir sie nicht.

Mit unseren Gedanken und Gefühlen sind wir oft auch schon in der Zukunft. Wir planen, was wir morgen tun wollen, wohin der nächste Urlaub geht, welche Arbeit ansteht. Wir träumen heute schon von Weihnachten oder vom nächsten Geburtstag, von einem schönen Konzert, von einem netten Fest und von guten Begegnungen. Und doch: Wir sind noch nicht in der Zukunft, wir haben sie nicht in der Hand, wir haben nur Ideen von ihr. Vermutlich wird sie ganz anders sein, als wir heute denken. Unsere Zukunft können wir nur planen. Ihre konkrete Gestaltung hängt von unberechenbaren Umständen und anderen Menschen ab. Was wir aber heute schon können: uns so disponieren, dass wir für morgen vorbereitet sind. Wir können uns mental und spirituell üben, so dass die falsche Sorge um die Zukunft der wachen Achtsamkeit für die Gegenwart Platz macht.

Im Heute stehen wir in der Spannung zwischen gestern und morgen. Es ist, als würden wir auf einer Brücke stehen, die über den Fluss der Zeit führt. Wir schauen, woher der Fluss kommt und wohin er führt. Wir schauen zurück in die Vergangenheit und vorwärts in die Zukunft. Aber das Einzige, was ganz wirklich ist, was wir berühren und verändern können, das ist die Gegenwart. Entscheidend ist nicht, was war und wie es war. Entscheidend ist, wie wir heute mit der Vergangenheit umgehen, wie wir sie werten und verarbeiten, wie wir uns mit ihr auseinandersetzen und versöhnen. Das Gelungene anerkennen und würdigen, es als Schatz und Gewinn ansehen, aber auch das Misslungene bewältigen, sich ihm stellen und es heilen lassen. Das ist heute möglich.

Das Erstaunliche an unseren Zeiterfahrungen ist, dass wir mit unseren Gedanken relativ selten in der Gegenwart sind. Dabei ist sie die Zeit, die ich wirklich gestalten kann. Ich lebe im Jetzt. Über diesen Augenblick verfüge ich in voller Freiheit. Die Gegenwart ist der alles entscheidende Punkt im Fluss meiner Zeit. Im Jetzt bin ich lebendig, im Jetzt bin ich berührbar, im Jetzt kann ich sein. Leben ist zuallererst präsent sein. Ganz in der Gegenwart.

Die folgende Übung stammt aus einem Meditationskurs, in dem die Übenden auch zu einem guten Umgang mit der Zeit angeleitet wurden. Möglicherweise ist er auch für die Leserinnen und Leser dieses Buches hilfreich:

Übung „Heute"

Ich möchte Sie zu einer kleinen Übung einladen. Am besten gelingt sie mit geschlossenen Augen. – Schließen Sie Ihre linke Hand zu einer Faust. Stellen Sie sich vor, auf der verborgenen Handfläche steht das Wort „gestern". Was haben Sie noch in Erinnerung? Lassen Sie sich ein paar Augenblicke Zeit und denken Sie nach, was Ihnen zu „gestern" einfällt. Spüren Sie auch, welche Gefühle Ihnen dabei kommen.

Schließen Sie nun auch die rechte Hand zu einer Faust und stellen Sie sich vor, auf der verborgenen Handfläche steht das Wort „morgen". Haben Sie eine Idee, was morgen sein wird? Vielleicht fallen Ihnen Termine ein oder Begegnungen. Was haben Sie vor? Was kommt auf Sie zu? Spüren Sie auch jetzt wieder, welche Gefühle Sie dabei empfinden.

Öffnen Sie nun Ihre beiden Hände und führen Sie sie zusammen. Legen Sie die beiden Handflächen so aufeinander, dass ein Zwischenraum bleibt. In diesem Zwischenraum liegt etwas sehr Kostbares. Dieser Kostbarkeit geben

Sie den Namen „heute". Konzentrieren Sie sich ganz auf das Heute. Schenken Sie diesem Augenblick jetzt Ihre volle Aufmerksamkeit.

Emotionen temperieren

„Temperantia" ist im Lateinischen die Tugend des Maßhaltens. Das klangvolle Wort drückt aus, dass es im Umgang mit Emotionen und Leidenschaften um die richtige Temperatur geht. Zu große Hitze ist bekanntlich ebenso ungesund wie zu strenge Kälte. Der Umgang mit Menschen, die ihren Gefühlen freien Lauf lassen, kann ebenso schwierig sein wie mit solchen, die ständig „mit angezogener Handbremse fahren". Wir werden weder glücklich, wenn wir unsere Emotionen hemmungslos ausleben – vor allem nicht, wenn dies zu Lasten anderer geht –, noch, wenn wir sie ängstlich im Zaum halten.

Die Temperantia beschneidet unsere Emotionen und Leidenschaften nicht, aber sie bringt sie in ein gutes Gleichgewicht. Wenn das Wasser aus einer Quelle sprudelt und dann voller Kraft einen Berghang hinunterstürzt, dann ist das ein wichtiger Abschnitt eines Baches. Er wird im Tal sein Bett finden, welches das Wasser zusammenhält und verhindert, dass es über die Ufer tritt. Nur so kann aus dem Bach ein Fluss und aus dem Fluss ein Strom werden, der die Kraft hat, Schiffe zu tragen, und der ins Meer gelangt. So ist es auch mit unseren Gefühlen und Leidenschaften. Es gibt Phasen, da sie wild ausbrechen und ihre ganze Dynamik entfalten. Aber sie können sich nicht ständig im Sturzbach ergießen, sie brauchen ihr Bachbett, das sie auffängt und mäßigt.

Richtig dosiert durch die Temperantia sind sie eine Quelle der Lebensfreude und Liebe.

Leider hat uns eine fragwürdige christliche Askese über Jahrhunderte gelehrt, die Leidenschaften „abzutöten". So sollten Menschen nur zu gefügigen Werkzeugen für Gottes Willen werden. Eine solche Askese hat sich immer wieder auf den Satz Jesu berufen: „Wer mein Jünger sein will, der verleugne sich selbst, nehme täglich sein Kreuz auf sich und folge mir nach. Denn wer sein Leben retten will, wird es verlieren; wer aber sein Leben um meinetwillen verliert, der wird es retten" (Lk 9,23 f). Die deutsche Übersetzung drückt in dem Wort „Selbstverleugnung" nicht das aus, was Jesus sagen wollte. Jedenfalls ging es ihm nicht darum, das, was die moderne Psychologie mit dem Wort „Selbst" meint, abzuwerten. Wozu Jesus uns auffordert, ist, dass wir nicht das eigene Ich zur Mitte und zum Maß unseres Denkens und Tuns machen. Unsere Mitte ist Gott und unser Maß ist Jesus Christus. Das Leben „retten" wollen kann im Sinn Jesu Christi nur so verstanden werden, dass wir dazu neigen, Leben festzuhalten, uns selbst retten zu wollen. Dies ist eine Haltung des Misstrauens Gott gegenüber. Unser Leben „verlieren" kann dann nur so verstanden werden, dass wir wie Jesus bereit sein sollen, uns hinzugeben, ja uns mit unserem ganzen Sein hineinzugeben in die Bewegung der Liebe und damit in den Aufbau des Reiches Gottes. Dies ist keine lebensverneinende, sondern eine lebensbejahende und lebensfördernde Einstellung und Bewegung. Das Evangelium empfiehlt uns die Übung dieses rechten und wohltuenden Maßes. Es ist die gesunde Bewegung im Raum zwischen Selbstvertrauen und Selbstkritik, zwischen Disziplin und Lebensfreude.

Maßhalten beginnt damit, dass wir zunächst die tiefen Sehnsüchte unserer Seele kennen und würdigen lernen. Oft erschrecken wir beim Anblick dessen, was an wildem Begehren und an Aggressivität in uns steckt. Dann ist die Gabe der geistlichen Unterscheidung gefragt: Wir dürfen in Ruhe unsere Gefühlswelt betreten und sie wie eine Landschaft erkunden: Was ist da gewachsen und wer hat es gepflanzt? Viele unserer Emotionen haben eine frühkindliche Ursache. Sie gründen auf den Ursehnsüchten, die jeder Mensch mit auf die Erde bringt: wir wollen sowohl angenommen sein als auch uns selbst behaupten. Aus sehr unterschiedlichen Erfahrungen, wie diese beiden Grundbedürfnisse gestillt oder auch beschnitten wurden, resultieren viele unserer Emotionen: Wutausbrüche können bedeuten, dass mir in meiner Kindheit zu wenig Raum gegeben wurde, mich zu behaupten. Bei anderen mag diese Erfahrung genau das Gegenteil bewirken und sie zu stark angepassten Menschen verbilden, die sich nicht trauen, ihr eigenes Leben zu gestalten. In der Kindheit erfahrene Kränkungen und Verletzungen können dazu führen, dass unsere Seelentemperatur merklich unterkühlt ist.

Gefühle haben große Macht über uns. Sie können uns in Beschlag nehmen, beherrschen und aus der Fassung bringen. Und doch: Wir *sind* nicht unsere Gefühle, wir *haben* sie. Dieser banale Satz zeigt die Chance auf, mit unseren Gefühlen schöpferisch und verantwortungsvoll umzugehen. Wir können sie wie gute Freunde anschauen und sogar mit ihnen ins Gespräch kommen. Wir können ihnen auch Grenzen aufzeigen oder sie gar verwandeln. Um nicht von Gefühlen überrollt zu werden, hilft es, Zeit zu gewinnen. Ich mag innerlich zunächst einen Schritt zurücktreten und tief durchatmen. Niemanden wird es stören, wenn ich in einer emotional stark aufgeladenen Situation nicht sofort reagiere. Der Abstand bewahrt mich davor, den Verstand zu verlieren. Er gibt mir die Möglichkeit, das Erfahrene richtig einzuordnen und mich dann – auch emotional – angemessen zu verhalten. Die Kunst der Temperantia ist keine Garantie dafür, dass jedes unserer (auch emotionalen) Probleme behoben werden kann, wenn wir nur die richtige Methode anwenden. Es gibt Leiden, Krankheiten, Konflikte und Spannungen, die uns niemand abnehmen kann und die wir selbst auch nicht lösen können. Mitunter gibt es keinen anderen Weg als den, niederdrückende Gefühle, unausweichliches Leid oder tiefe Depressionen auszuhalten. Manche Menschen erfahren Trost im Blick auf den, der die Passion der Menschheit in seiner Passion auf sich genommen und ausgehalten hat: Christus am Kreuz.

Um die Kunst der Temperantia einzuüben, helfen uns Rituale. Rituale haben eine vierfache Wirkung: Sie bauen Angst ab, vermitteln Heimatgefühl, steigern die Lebenslust und stärken die Identität. Rituale geben dem Leben Struktur und Sinngehalt und helfen, mit wichtigen Erfahrungen wie Geburt, Bindung, Abschied und Tod umzugehen. Die christliche Lebenskultur hat eine Vielzahl von Ritualen entwickelt: Da sind beispielsweise die unterschiedlichen Bräuche des Kirchenjahres, da sind Zeiten des Fastens und der Askese, aber auch des Feierns und der Ausgelassenheit. Da sind Rituale, die der Läuterung und Versöhnung dienen, und solche, die Menschen unterschiedlicher Lebensalter und sozialer Schichten in die Glaubensgemeinschaft integrieren. Hingewiesen sei darauf, dass Rituale immer auch in Gefahr sind, im Formalismus zu erstarren oder magisch verstanden und angewandt zu werden. Sie brauchen, um hilfreich zu sein, einen lebendigen Bezug zur Wirklichkeit, sie brauchen eine verständliche Sprache und nachvollziehbare Ausdrucksformen.

Bei Heiligen denken wir gewöhnlich, dass sie in besonderer Weise das „Maß der Mitte" gefunden haben. Ein Blick auf die Person und Gestalt des Franz von Assisi lässt erkennen, dass er nicht selten zu Extremen geneigt hat. Wir finden einerseits einen Menschen, der sich selbst übertriebene Askese auferlegt hat. Er fastete wochenlang, gönnte sich kaum Schlaf, setzte sich krankmachender Kälte aus. Andererseits war Franziskus ein Mensch mit starker Emotionalität. Er konnte sowohl Sympathie und Liebe als auch Wut und Ablehnung ungebremst zum Ausdruck bringen. Voller Zärtlichkeit liebte er seine Brüder, aber er konnte auch brüsk solche, deren Lebenswandel ihm nicht gefiel, zurechtweisen oder sogar aus der Gemeinschaft ausschließen. Und manchmal lehrte er gegen allzu große Strenge das Maßhalten. Als ein Bruder des Nachts laut schrie, dass er Hunger habe, wies ihn Franziskus nicht zurecht und ermahnte ihn auch nicht zum Durchhalten. Er ließ vielmehr den Tisch decken und speiste mit dem Bruder, um ihn nicht zu beschämen. – Das kann uns trösten und zeigen, dass gerade die großen Vorbilder im Glauben durch und durch Menschen sind.

Beziehungen wachsen lassen

Kaum etwas suchen wir mehr als gelingende Beziehungen. Aber gerade hier sind wir auch am verletzlichsten. Wenn ich verletzt werde, reagiere ich entweder aggressiv oder – was wohl noch schlimmer ist – regressiv. Dieser stille Rückzug bedeutet nicht, dass die Verletzung geheilt ist, sondern dass sie sich verinnerlicht. Sie wächst sozusagen nach innen zum Tiefengrund der Seele hin. Nehmen wir das Symbol der Spirale. Ich kann ihren Verlauf von innen nach außen betrachten. Dann wird sie immer weiter und lässt die Möglichkeit offen, zu wachsen. Sie symbolisiert Entwicklung. Im Verlauf von außen nach innen dagegen symbolisiert sie Regression. Sie verschließt sich immer mehr in sich selbst. Kein Zweifel: Sowohl in der Natur als auch in der menschlichen Psyche hat Regression ihren Sinn: Eine Schnecke zieht sich in ihr Haus zurück, wenn sie Gefahr wittert. Andere Tiere verziehen sich in die Erde oder tauchen im Wasser ab. Das ist ein natürlicher Reflex des Selbstschutzes. Auch als Menschen reagieren wir so: Wenn wir angegriffen werden, machen wir einen Buckel und halten die Hände vor das Gesicht. Intuitiv schützen wir die am meisten verletzlichen Bereiche, das Gesicht und die inneren Organe. Es kann auch berechtigt und gut sein, sich in seelischen Krisen – in Zeiten der Trauer, der Wut und Neuorientierung – zurückzuziehen. Anders ist es, wenn daraus eine andauernde Haltung wird. Wenn ich sozusagen meine Seele verkrümme, wenn ich bei jedem Risiko auf Tauchstation gehe oder mich gar verweigere, dann wird Regression im wahrsten Sinn des Wortes sündhaft. Nach Augustinus ist Sünde weniger ein einzelnes Tun als vielmehr die Haltung des „cor in se curvatum", zu Deutsch: des „in sich verkrümmten Herzens". Es ist die Spirale, die sich auf das Ego hin fokussiert und zentriert. Das verschlossene Herz, das sich der Öffnung und Entwicklung verweigert.

Die Seele hat ihre eingefahrenen Reaktionsmuster, die sich nicht selten unserem Bewusstsein entziehen. Im Laufe eines Lebens bilden sich in unserem Gehirn sozusagen breite Straßen, auf denen sich die neuronalen Kuriere in Höchstgeschwindigkeit hin und her bewegen. Trotzdem kann ich auf meinem „Seelengelände" neue Spuren legen. Es beginnt damit, dass ich prüfe, ob meine Reaktionsweisen auf der Basis alter Verletzungen entstanden sind. Als Kinder waren wir nicht imstande, angemessen mit diesen Verletzungen umzugehen, etwa diese zu benennen oder uns zu wehren. Wir haben aber gelernt, Schutzmauern zu bauen, um uns gegen weitere Verletzungen zu schützen, und uns dahinter zu verschanzen. Oder wir haben die unerfüllten Erwartungen unserer Kindheit ins Erwachsenenalter mitgenommen und sie unbewusst an Personen gestellt, die sie gar nicht erfüllen können: an die Partnerin oder den Partner, an Freundinnen oder Freunde, an die Kinder. Erst wenn wir auf den wahren Grund der Enttäuschungen kommen und die ursprünglichen Schmerzen noch einmal zulassen, erst wenn wir die Schutzmauern der Regression verlassen und aufhören, andere für unser Glück oder Unglück verantwortlich zu machen, können die alten Wunden heilen.

Das Gelingen unserer Beziehungen basiert auf einer gesunden Spannung zwischen Nähe und Distanz. Üben kann ich, dass ich nach innen spüre und mein Nähe-Bedürfnis auf seine Realisierungsmöglichkeit hin abklopfe. Dabei ist genauso Rücksicht zu nehmen auf das Nähe-Bedürfnis des oder der Menschen, deren Zuneigung ich suche. Üben kann ich auch das offene Gespräch über meine Gefühle und Bedürfnisse. Üben kann ich, auf dem Weg der Annäherung geduldige und behutsame Schritte des

Vertrauens zu tun. Nähe kann auch überrumpeln und überfordern. Sie muss organisch wachsen. Üben kann ich, wachsende Beziehungen in einen gesunden Kontext zu bereits bestehenden Beziehungen zu bringen. Üben kann ich, ein gesundes Maß an Distanz nicht als bedrohlich, sondern als bereichernd zu erfahren. Üben kann ich, die Stunden des Alleinseins zu kultivieren und mit mir allein glücklich zu sein. Üben kann ich, mich selbst als den mir am nächsten stehenden Menschen anzunehmen. Üben kann ich auch, unangenehme Distanzen auszuhalten, ihren Schmerz zu verkraften und in Stärke zu transformieren.

Auf der Suche nach guten und erfüllenden Beziehungen gehen wir einen mitunter schmerzhaften Weg. Je tiefer wir die Seele des geliebten Menschen berühren, umso mehr spüren wir die Zerbrechlichkeit menschlicher Nähe. Wir lernen die Kunst, unseren narzisstischen Neigungen auf die Spur zu kommen und unsere Liebe mehr und mehr auf das Du auszurichten. Das „Du" wird uns zum Spiegel unserer selbst, und wir erkennen Größe und Elend unserer eigenen Gestalt darin. Faszination und Eros bergen immer auch Enttäuschungen in sich. Diese sind sogar notwendig, um Illusionen und Projektionen aufzulösen und eine Beziehung auf den Boden der nüchternen Wirklichkeit zu stellen. Allzu hohe Erwartungen müssen auf eine Ebene gebracht werden, auf der die Partner sein dürfen, wie sie wirklich sind, und einander nichts vormachen müssen. Die Scherben der Enttäuschung tun weh, aber sie öffnen den Raum für konkret lebbare Beziehungen.

Das franziskanische Wort für eine heilsame Kultur der Beziehungen heißt „Geschwisterlichkeit". Zunächst ging Franziskus ganz allein seinen Weg. Die Bürgerinnen und

Bürger der Stadt Assisi hielten ihn für einen Verrückten. Er wurde von ihnen verlacht und sie warfen ihn aus den Häusern, wenn er um Essen bettelte. Aber gerade in dieser ungeschützten Verletzlichkeit lernte er, was Liebe ist. Er lernte es, indem er zuerst sich selbst begegnete. Indem er lernte, das Harte und Unversöhnte in der eigenen Seele anzuschauen und anzunehmen, konnte er sich auch den Menschen mit ihren verletzten Herzen, aus denen Ablehnung und Aggression kam, zuwenden. Er spürte: Sie sind wie ich und ich bin wie sie. Wir sind in Wahrheit Geschwister.

Diese Geschwisterlichkeit lebte Franziskus. Die Menschen spürten intuitiv: Das ist eine neue Kultur des Miteinanders. Von diesem Menschen geht eine heilende Kraft aus. So kamen andere zu ihm, um zu leben wie er. In seinem Testament schreibt er: „Und nachdem mir der Herr Brüder gegeben hatte, zeigte mir niemand, was ich tun sollte, sondern der Höchste selbst hat mir offenbart, dass ich nach der Form des heiligen Evangeliums leben sollte" [Test 14 (FQ, 60)].

Franziskus nannte sie „Brüder". Diese Bruderschaft war kein Freundeskreis und keine Sympathisantengemeinschaft. Das geschwisterliche Miteinander im franziskanischen Sinn gründet im gemeinsamen Ursprung, in der gemeinsamen Gotteskindschaft. Geschwister suchen sich nicht, sie sind einander geschenkt und zugemutet.

Für Franziskus beginnt Geschwisterlichkeit damit, dass er nicht nur das Verletzte, sondern auch das Verletzende in sich erkennt und annimmt. Abel ist der Bruder des Kain, auch in ihm steckt das Aggressive und Tod-Bringende des menschlichen Wesens. Niemand ist nur Opfer. Wenn ich diesen Teil an mir selbst zugebe und zulasse, kann ich auch vieles von dem verstehen, was andere denken, sagen und tun. Martin Buber übersetzt das Gebot der Nächstenliebe so: „Liebe deinen Nächsten, er ist dir gleich". In der Begegnung auf Augenhöhe beginnt die Geschwisterlichkeit.

Als Bruder begegnet Franziskus den Gesunden und Kranken, den Freunden und Feinden, den Christen und Muslimen, ja selbst der wilden Kreatur. Furchtlos – so erzählt es die Legende – nähert sich Franziskus dem Wolf von Gubbio und versöhnt das Tier mit den Menschen und die Menschen mit dem Tier [vgl. Fior 21 (FQ, 1382 ff)]. Die geschwisterliche Kultur wird zu einer Kultur für die gesamte Schöpfung, denn alle Geschöpfe – Menschen, Tiere, Pflanzen und selbst die unbelebte Kreatur – sind Kinder Gottes und somit untereinander Geschwister.

Kontemplativ engagiert sein

Kontemplatives Gebet ist ein absichtsloses Dasein, ein Sich-fallen-Lassen in die Einheit mit Gott. Es ist nicht nötig, dabei etwas zu sagen, zu denken oder zu fühlen. Es ist nicht entscheidend, ob wir andächtig sind. Unser Bewusstsein spielt nicht die bedeutsamste Rolle. Wohl aber die Entscheidung, da zu sein, da zu bleiben, auszuhalten, geschehen zu lassen.

Das kontemplative Beten findet seinen körperlichen Ausdruck im Atem. Wie der Atem ständig fließt, ganz gleich, ob ich mir dessen bewusst bin oder nicht, ob ich schlafe oder wach bin, so will das Gebet in uns immerwährend fließen. Es will unseren Alltag durchströmen, denn die Verbindung mit unserer inneren Tiefe, mit Gott, ist da, auch wenn wir nicht bewusst an ihn denken oder bestimmte Gebetstexte aufsagen. Das Gebet ist wie das bewegungslose Gleiten des Adlers in großer Höhe. Aber ebenso wie dieser von Zeit zu Zeit flügelschlagend seinem Flug Kraft gibt, braucht das innere Beten immer wieder einen Anstoß. Es sind Zeiten, da wir uns bewusst in die Stille begeben, da wir bewusst unseren Atem anschauen und fließen lassen. Vielleicht bringt uns ein einziges Wort oder das Jesus-Gebet in den Fluss der Kontemplation. Und mehr und mehr wird es dann gelingen, alle Worte und Gedanken schweigen zu lassen und durch die Stille hindurch einfach in Gott zu verweilen.

Von Jesus berichtet das Neue Testament, dass er in seinen kontemplativen Nächten Gott mit dem Kosewort ABBA angesprochen hat. Dieses Wort drückt eine sehr vertraute Beziehung aus. Jesus lebte aus und in der Liebe seines Vaters. Er schöpfte daraus Kraft und Vertrauen. Er wollte im Einklang mit dem Willen seines Vaters leben. Darum ging er immer wieder in die Stille, zog sich eine Nacht auf einen Berg zurück und betete. Abba ist für ihn die Grunderfahrung des Angenommen- und Bejaht-Seins.

Die Spannungen der Welt und des menschlichen Lebens werden durch das Gebet nicht beseitigt, mitunter nicht einmal gemildert. Zu glauben, dass durch unser Gebet „Wunder von oben" geschehen oder dass Gott die Naturgesetze außer Kraft setzt, wenn wir darum bitten, wäre ein Rückfall in eine vorjesuanische Glaubenshaltung. Trotzdem haben die Spannungen, in denen wir leben, ihren Platz in unserem Gebet. Sie wollen in den Transformationsprozess, dem wir uns im kontemplativen Beten stellen, mit einbezogen werden.

Die franziskanische Spiritualität kennt zwei Wesenselemente, die untrennbar miteinander verwoben sind und sich gegenseitig ergänzen: Es ist zum einen die unio mystica – das mystische Einswerden mit Gott in Gebet und Kontemplation – und zum anderen das Engagement für Frieden, Gerechtigkeit und Bewahrung der Schöpfung. Wahre Kontemplation hat das gesellschaftliche Engagement zur Folge und bildet seine spirituelle Basis. Mystik im franziskanischen Sinn ist kein Sich-Verschließen vor der Welt, im Gegenteil: Sie ist ein Sich-Aufschließen für die Welt. Sie sieht den Menschen und die Welt mit Gottes Augen und sie wendet der Welt nicht nur die Augen, sondern auch das Herz und die Hände zu. Das Herz, um zu verstehen, die Hände, um zu handeln. Mystik ist ein Prozess innerer Verwandlung.

Johann Baptist Metz hat ein Buch geschrieben mit dem Titel „Mystik der offenen Augen. Wenn Spiritualität aufbricht". Ich zitiere daraus ein paar entscheidende Sätze: „Christen sind (...) Mystiker, aber eben nicht ausschließlich Mystiker im Sinne einer spirituellen Selbsterfahrung, sondern im Sinne einer spirituellen Solidaritätserfahrung. Sie sind vor allem ‚Mystiker mit offenen Augen'. Ihre Mystik ist keine antlitzlose Naturmystik. Sie ist vielmehr eine antlitzsuchende Mystik, die vorweg in die Begegnung mit den leidenden Anderen, mit dem Antlitz der Unglücklichen und der Opfer führt. Sie gehorcht in erster Linie der Autorität der Leidenden. (...) Diese Mystik der Compassion zielt nicht ausschließlich auf eine augenlos nach innen gewendete Erfahrung, sondern auf jene ‚unterbrechende' Erfahrung, die im Umgang mit den Anderen in der Antlitz-zu-Antlitz-Situation einsetzt. Sie ist mystisch und politisch zugleich." Aus diesem Grundverständnis werden sich franziskanische Menschen, verwurzelt in der Kontemplation und aus der Kraft ihrer Spiritualität, für eine humane, friedliche und schöpfungsverantwortliche Gesellschaft einsetzen.

Sie werden dafür eintreten, dass in unserer Gesellschaft ein Wertebewusstsein entsteht, in dem Solidarität wichtiger ist als Karrierestreben, wo alle Menschen die Möglichkeit haben, sich optimal zu bilden und auszubilden, wo für Frauen und Männer gleiche Chancen bestehen, wo Arbeit so bezahlt wird, dass Menschen davon leben können.

Sie werden mutig die Stimme erheben gegen Tendenzen in Gesellschaft, Wirtschaft und Kirche, welche die Kluft zwischen Arm und Reich vergrößern, die globalen Gemeingüter der Menschheit privaten Interessen ausliefern und zur Zerstörung der gemeinsamen Lebensgrundlagen beitragen.

Sie werden es nicht bei der Bewunderung der Schöpfung bewenden lassen, sondern ihr mit heilender Sorgfalt begegnen. Sie werden ihre Lebensart und Lebenspraxis so gut als möglich nach dem Prinzip der Nachhaltigkeit gestalten.

Sie werden im Gebet und in der Kontemplation stellvertretend für Menschen und Geschöpfe vor Gott stehen und sich dem Prozess der Verwandlung überlassen, der mit der Inkarnation Gottes begonnen hat und der sein Ziel darin finden wird, dass sich in Christus alles vollendet.

„Denn Gott wollte mit seiner ganzen Fülle in ihm wohnen, um durch ihn alles zu versöhnen. Alles im Himmel und auf Erden wollte er zu Christus führen, der Frieden gestiftet hat am Kreuz durch sein Blut" (Kol 1,19 f).

5. Übungen zur „Mystik der offenen Augen"

Geerdet meditieren

Die großen Beterinnen und Beter entfliehen nicht der Welt, im Gegenteil: Sie erden sich im Gebet. Oder besser: Sie beten die Welt. Eine Hilfe für die geerdete Meditation kann die folgende Übung sein. Dabei imaginiert die betende Person Bilder der irdischen Wirklichkeit. Diese führen zu einer ganzheitlichen Verbundenheit mit der Welt und zugleich mit Gott, dem Grund alles Geschaffenen. Die oder der Meditierende wird gewissermaßen durchlässig für die betende Beziehung zwischen Welt und Gott.

Stufe 1: *Meditieren wie ein Berg:* Meinen Schwerpunkt nach unten verlagern wie ein großer Berg. Mich ganz erden und am Boden niederlassen. Spüren, dass ich selbst Erde bin und zur Erde gehöre.

Stufe 2: *Meditieren wie die Mohnblume:* Mich aus dem Becken heraus aufrichten wie der Stängel einer Mohnblume, die gerade nach oben strebt. Mich im Scheitel öffnen wie die Blüte der Mohnblume und empfänglich werden für das, was mir von oben zukommt.

Stufe 3: *Meditieren wie der Ozean:* Mich dem Fluss des Atems überlassen, der kommt und geht wie Ebbe und Flut. Ganz im Atemfluss gegenwärtig sein. Mich im Ausatmen loslassen, hingeben und Gott anvertrauen. Im Einatmen neue Kraft empfangen aus der göttlichen Verbundenheit.

Stufe 4: *Meditieren wie die Wolken:* Meine Gedanken und Gefühle, die mich nach unten ziehen, loslassen und wie Wolken vorüberziehen lassen.

Stufe 5: *Meditieren wie ein Singvogel*, der nur wenige Laute trällert, die sich wiederholen. So kann ich meinen Atem an ein einziges einfaches Wort legen und es wie ein Mantra wiederholen. Das kann zum Beispiel ein Wort wie „Erde" oder „Licht" oder „Leben" oder „Heute" oder „Du" oder das Jesus-Gebet („Jesus" beim Ausatmen, „Christus" beim Einatmen) sein.

Am Ende einer Meditation neige ich mich der Erde zu und fühle mich ihr als dem Geschenk Gottes verbunden.

Selbst zum Gebet werden

Von Franziskus wissen wir, dass er nicht nur im Geiste und nicht nur mit dem Mund, sondern mit dem Leib, ja mit seiner ganzen Existenz betete. Stundenlang konnte er in den Wäldern oder Bergen umhergehen und im Schauen, Hören und Gehen Gott loben. Manche seiner Zeitgenossen sagten über ihn: „Franziskus ist weniger ein Betender als vielmehr ein Gebet".

Eines seiner Lieblingsgebete waren die vier Worte: *Deus meus et omnia – Mein Gott und mein Alles.* Diese Worte eignen sich für ein Leibgebet:

Ich stehe aufrecht und atme.

Deus – Ich erhebe meine Hände und Arme und strecke sie zum Himmel, zu Gott. Ich spüre bei dieser Gebärde seine Größe. Ich spüre auch, wie ich mich nach ihm sehne und ausstrecke.

Meus – Ich lege meine beiden Hände überkreuzt (die Rechte über der Linken) auf mein Herz. Hier ist meine Personenmitte. Hier bin ich ganz und gar Ich. Hier, in der Tiefe meines Herzens, will der unfassbare Gott wohnen. Meine Worte sind zu klein für ihn. Und doch ist er mir gegenwärtig. Mein Gott.

Et Omnia – Ich breite meine Arme und Hände weit aus, so dass mein Leib ein Kreuz bildet. Mein Leben ist weit. Mit meinen Händen berühre ich die Welt, die Menschen, die Geschöpfe. Alles. Gott ist alles. Alles in allem. Der Raum meiner Erfahrungen ist unendlich weit. Weiter als ich denken, fassen und begreifen kann. Und Gott ist in allem, was ich berühre und wonach ich mich ausstrecke.

Die ABBA-Meditation

ABBA ist ein unerschöpfliches Gebetswort, das ich meditierend bedenken, aber auch wie ein Mantra in mir bewegen kann. Es lädt mich ein, mich mehr und mehr in meiner Vielschichtigkeit und Zerrissenheit in die Einheit Gottes zu integrieren und mich in ihr, mit mir und der Welt zu versöhnen.

ABBA

A (= Aleph) ist im hebräischen Alphabet der erste Buchstabe.

A bedeutet auch die Zahl 1.

A ist die Zahl Gottes, denn Gott ist der Eine.

Gott ist ganz eins in sich, Gott, er ist der Einzige.

A*BB*A

B (= Beth) ist im hebräischen Alphabet der zweite Buchstabe.

B bedeutet auch die Zahl 2.

B ist die Zahl des Menschen.

In der Zweiheit – als Frau und Mann – hat uns Gott geschaffen.

ABBA

Alles irdische Sein existiert in der Zweiheit:

Licht und Dunkel.

Bewegung und Stillstand.

Leben und Tod.

ABBA

Die Buchstaben *BB* sind umfangen von den Buchstaben *AA*.

Die Zwei entspringt aus der Eins.

Die Zweiheit entfaltet sich aus der Einheit.

Die Welt wird aus Gott und entfaltet sich in Gott.

ABBA

Das Zweifache findet in das Einfache zurück.

Die Menschen finden in Gott ihren Sinn.

Menschliche Entzweiung wird in göttlicher Einheit versöhnt.
Die Polaritäten der Welt sind aufgehoben.

ABBA
„Es ist nicht gut, dass der Mensch allein bleibt"
(Gen 2,18).
In Gott wird der Mensch dem Menschen zugesellt.
Im Mantel Gottes finden wir Geborgenheit.
In der Einheit Gottes blüht die Liebe auf.

Wohnen im dreifaltigen Gott

Die Welt hat ihre Dynamik im dreifaltigen Gott, auch ich selbst lebe in ihm. Wir können das Geheimnis der Dreifaltigkeit nie begreifen, aber wir können uns ihm in der Kontemplation nähern. Die Worte der folgenden Meditation habe ich nicht gesucht, sie sind mir irgendwann zugefallen. Ich nehme immer nur eines der drei, jenes, welches mir spontan in den Sinn kommt.

Abba – liebe!
Christus – werde!
Ruach – fließe!

Abba – liebe!
Abba ist das Wort, mit dem Jesus Gott angeredet hat. Es drückt eine sehr vertraute Beziehung aus und heißt so viel wie Papa. Jesus lebte aus der Liebe seines Vaters. Er schöpfte daraus Kraft und Vertrauen. Er wollte im Einklang mit dem Willen seines Vaters leben. Darum ging er immer

wieder in die Stille, zog sich eine Nacht auf einen Berg zurück und betete. Abba ist für ihn die Grunderfahrung des Angenommen- und Bejaht-Seins.

Wenn ich dieses Wort an meinen Atem anlege, dann geht mein Ausatem zu Gott, meinem Urgrund, hin. Und dann kommt mein Einatem als strömende Liebe zu mir zurück. Ich mache die Erfahrung, dass darin manche ungesunde Spannung ihre Lösung und Erlösung findet.

Christus – werde!
Die Inkarnation Gottes setzt sich in der Geschichte fort. Nach Paulus ist Jesus das Haupt, das in der Kirche sein Leben annimmt. Der Leib Christi ist nicht fertig, er wird und wächst in der Geschichte. Er wird und wächst in jedem von uns. So ist es nicht nur unsere Berufung, Christus zu hören und ihm zu folgen, sondern Christus zu werden. „Nicht mehr ich lebe, Christus lebt in mir", sagt Paulus im Galaterbrief (2,2). Wir wachsen in die Gestalt Jesu Christi hinein. So ist das Gebetswort „*Christus – werde!*" eine Bewegung, in der ich mich ganz auf diesen Werde-Prozess einlasse. Im Ausatmen wende ich mich Christus zu, gebe ihm mein Vertrauen, im Einatmen geschieht Werden und Verwandelt-Werden.

Ruach – fließe!
Das hebräische Wort deutet – leise gesprochen – das Atemgeräusch an. Es meint Atem, Wind und im übertragenen Sinne auch Geist. Exegeten machen darauf aufmerksam, dass Ruach weiblich ist, vielleicht lässt sich dieser weibliche Aspekt der Dreifaltigkeit übersetzen mit „Heilige Geistkraft" oder besser „Göttliche Geistperson". Wie auch immer, Ruach ist Fluss und Bewegung. Wenn ich mit dem

Wort „*Ruach – fließe!*" kontempliere, dann lege ich an den Ausatem das Wort „Ruach" und lasse seine Kraft im Einatem in mich einströmen. Die Vorstellung, dass die Ruach durch Körper und Geist fließt und mein ganzes Sein erfüllt, ist eine sehr wichtige Erfahrung. Ich spüre, dass der Heilige Geist für mich Trost, Ratgeber und Anwalt ist.

Das Schöne an diesen Atemgebeten ist, dass sie – einmal angestoßen – durch den Tag hindurch weiterfließen. Es ist mein Atem, der von sich aus „weiterbetet". Es ist Abba, der meinen Begegnungen Liebe schenkt. Es ist Christus, in dem ich ganz menschlich Mensch werden darf. Es ist die Ruach, die den Fluss meines Denkens, Redens und Tuns wie eine frische Quelle in Bewegung hält. Es ist der dreifaltige Gott, der Gott der Beziehung, der mich im alltäglichen Tun in Beziehung bringt. Mitunter werde ich mir während des Tages des Gebetswortes bewusst und wiederhole es mit dem Atem. Gerade die Polarität im Aus und Ein des Atems wirkt sich befreiend aus in den vielen Spannungen, die der Alltag mit sich bringt.

6. Ausgespannt am Kreuz umarmst du die Welt – eine Art Nachwort

Ich sitze in der Kirche von Santa Chiara zu Assisi vor dem alten Kreuz, das vormals in San Damiano hing. Vor diesem Kreuz hörte Franziskus Christus sagen: „Franziskus, geh hin und stelle mein Haus wieder her, das, wie du siehst, ganz zerstört wird" [LM II. Kap. 1,3 (FQ, 697)].

Vor diesem Kreuz sprach er das Gebet:

„Höchster, glorreicher Gott,
erleuchte die Finsternis meines Herzens
und schenke mir rechten Glauben,
sichere Hoffnung
und vollkommene Liebe.
Gib mir, Herr, das rechte Empfinden und Erkennen,
damit ich deinen heiligen und wahrhaften Auftrag er-
fülle. (Amen)"
[GebKr (FQ, 13)]

Schon immer hat mich dieses Kreuz in seinen Bann gezogen und nirgends finde ich die Kraft und den Segen göttlicher und menschlicher Spannungen besser ausgedrückt
als in dieser Ikone. Mit dem Blick auf die Ikone kommt
mir der Satz: „Ausgespannt am Kreuz umarmst du die
Welt."

Die Augen sind es, die mich zuerst und am meisten
ansprechen. Ihr Blick ist voll Wärme und Zuwendung.
Und doch berührt dieser Blick nicht nur meine Seele,
er geht über mich hinaus in die Weite. Es ist geradezu
ein kosmischer Blick, der alles umfasst. Jesus, der Christus. Der Mensch Jesus, voller Zärtlichkeit, der das Leid
und den Tod durchschritten hat, und der erhöhte Christus, der uns einlädt mit der Zusage: „Und ich, wenn ich
über die Erde erhöht bin, werde alle zu mir ziehen"
(Joh 12,32).

Was mich auf den zweiten Blick anspricht, ist die Leib-
gebärde Jesu. Das Bild vermittelt nicht den Eindruck, dass

Christus gequält am Kreuz hängt. Wenn auch die durchbohrten Hände an die Nägel erinnern und die Herzwunde an den tödlichen Stich, so steht Jesus doch aufrecht und breitet seine Hände aus. Seine Haltung erinnert an die eines Tänzers und lässt mich den österlichen Tanz erahnen, zu dem er den ganzen Kosmos einlädt. Eine kraftvolle Spannung liegt in diesem Bild, eine Spannung, die nicht erzwungen, sondern frei gewählt ist. Es kommt mir so vor, als wolle er die Welt in seine Arme schließen.

Fasziniert von seinem Blick, angezogen von seinen ausgebreiteten Armen, spüre ich, dass er in seiner Hingabe am Kreuz meine eigenen Leid- und Todeserfahrungen und all die der ganzen Schöpfung trägt. Ja, dass er mich und die Welt an sich zieht und uns mitnimmt in ein Leben, das die Grenzen und Spannungen der Welt überwindet.

Für mich ist dieses Kreuz nicht denkbar ohne die göttliche Hand, die aus dem Kreis des Himmels herausragt und sich dem Gekreuzigten zuwendet. Es ist die Schwur- und Segenshand. „Du bist mein geliebtes Kind", sagt der Vater zu Jesus bei dessen Taufe am Jordan (vgl. Lk 3,22). Ich darf die Zusage auch ganz persönlich nehmen, sie gilt mir, sie gilt jedem Menschen, ja sie gilt der geschaffenen Welt insgesamt, in die Christus mit weiten Augen hinausschaut.

Er ist allen und allem Alles geworden.

Das Geheimnis dieses Kreuzes ist die Auflösung und Erlösung aller Spannungen in Christus: Der seine Arme ausspannt und sie anheften lässt an das Holz des Kreuzes ist es, der die Spannungen der gesamten Schöpfung trägt. Er ist es auch, der – losgelöst vom Kreuz und erhöht zum Vater – die Arme ausbreitet und mit liebender Gebärde die

Welt umschließt. Das Christusgeschehen wird zum universalen Weltgeschehen: Die Bewegung der Hingabe und Umarmung weitet sich aus auf alle, die wie Christus die Liebe leben. Compassion als das Mittragen des Leidens mit dem gekreuzigten Christus und die Umarmung der Welt werden zu den beiden Wegzeichen in der und in die Nachfolge Jesu. Gottes- und Nächstenliebe kreuzen sich und finden ihre Mitte im Herzen Gottes.

Zum Weiterlesen

- Bode, F. J., Und führe uns in der Versuchung. Vom Umgang mit den eigenen Abgründen, Freiburg 2012
- Eurich, C., Die heilende Kraft des Scheiterns. Ein Weg zu Aufbruch, Wachstum und Erneuerung, Petersberg 2006
- Frielingsdorf, K., Mein Leben annehmen, Mainz 1993
- Hüther, G., Biologie der Angst. Wie aus Stress Gefühle werden, Göttingen 2012
- Kuster, N., Franziskus: Rebell und Heiliger, Freiburg 2014[2]
  - Franz und Klara von Assisi. Eine Doppelbiographie, Mainz 2012[2]
- Metz, J. B., Zeit der Orden? Zur Mystik und Politik der Nachfolge, Freiburg 1976, 1986[6]
- Rohr, R., Verwandlung: was radikale Veränderung bedeutet, München 2011
  - Entscheidend ist das UND: kontemplativ leben UND engagiert handeln, München 2012
  - Zwölf Schritte der Heilung: Gesundheit und Spiritualität, Freiburg 2013
  - Das wahre Selbst. Werden, wer wir wirklich sind, Freiburg 2013
- Steindl-Rast, D., Fülle und Nichts. Von innen her zum Leben erwachen, Freiburg 1999

Abkürzungsverzeichnis

Die Franziskus-Quellen (FQ) sind zitiert nach:
Berg, Dieter / Lehmann, Leonhard (Hg.), Franziskus-Quellen. Die Schriften des heiligen Franziskus, Lebensbeschreibungen, Chroniken und Zeugnisse über ihn und seinen Orden, Kevelaer 2009.

Dabei gelten folgende Abkürzungen:

1 C: Thomas von Celano, 1. Lebensbeschreibung (Vita) des hl. Franziskus
2 C: Thomas von Celano, 2. Vita oder Memoriale
Fior: Fioretti / Blümlein des heiligen Franziskus
GebKr: Gebet vor dem Kreuzbild von San Damiano
LM: Bonaventura, Legenda Maior
Sonn: Sonnengesang
Test: Das große Testament des heiligen Franzsikus

Die Bibeltexte sind entnommen der Einheitsübersetzung der Heiligen Schrift © 1980 Katholische Bibelanstalt, Stuttgart.